松间轻语

李伟明／著

廣東旅游出版社
GUANGDONG TRAVEL & TOURISM PRESS
悦读书 · 悦旅行 · 悦享人生
中国 · 广州

图书在版编目（C I P）数据

松间轻语 / 李伟明著. — 广州 : 广东旅游出版社, 2022.4(2022.9重印)
ISBN 978-7-5570-2685-1

Ⅰ. ①松… Ⅱ. ①李… Ⅲ. ①散文—中国—当代Ⅳ. ①I267

中国版本图书馆CIP数据核字(2022)第037552号

出 版 人：刘志松
策划编辑：彭　超
责任编辑：彭　超　　杨　恬
封面设计：艾颖琛
内文设计：谢晓丹
责任校对：李瑞苑
责任技编：冼志良

松间轻语
SONGJIAN　QINGYU

出版发行：广东旅游出版社
社　　址：广州市荔湾区沙面北街71号首层、二层
邮　　编：510130
联系电话：020-87347732（总编室）　020-87348887（销售热线）
投稿邮箱：2026542779@qq.com
印　　刷：广州汉鼎印务有限公司
（广州市黄埔区南岗骏丰路117号202）
开　　本：787毫米×1092毫米　1/16
印　　张：13.625
字　　数：210千字
版　　次：2022年4月第1版
印　　次：2022年9月第5次
定　　价：58.00元

不但要说，还要常说

——《松间轻语》自序

20世纪90年代末，著名杂文家邵燕祥先生发表过一篇题为《不再做反腐文章》的杂文，大意是说自己多年来写了许多反腐文章，都够出一本书了，但贪污腐败的案件连年直线上升，可见写了也没用，所以不再为此浪费笔墨。我当时正值对社会满怀憧憬的年纪，读了邵先生的文章之后，深不以为然，专门写了一篇与他唱反调的小文章《不说也不行》，认为“丧失了说的权利，我们就会更可怜，只能眼睁睁看着别人放肆贪污腐败”，所以，“该说的，还是要说，说了未必有用，不说一定没用”。该文先后在《宁波日报》《江西工人报》发表过，除了自己有印象，当然谈不上任何影响。

那时，我在报社工作，写这篇小文章是站在舆论监督的角度，认为群众应该通过“多说”，对贪官造成一定的舆论压力，免得他们太肆无忌惮。

我也没想到，十几年后，自己会从一名新闻记者变成一名纪检干部。一晃，在纪检机关工作快八年了，先后干了三个岗位，分别是地级市纪委宣传部部长、监督检查室主任，县级市纪委书记（按例兼任市监委主任），不管是哪个岗位，都与反腐败直接相关。纪委的宣传部，按我的理解，其存在的最大意义就是以不同的方式对干部进行廉政教育；监督检查室则属于办案部门之列，直接处理问题线索（也就是处理人）。至于纪委书记，那更是党风廉政建设与反腐败工作的方方面面都在职责范围内。不管在哪个岗位，我都觉得，一体推进“三不”（不敢腐、不能腐、不想腐），最需要时间、也是最难解决的就是“不想”的问题。

在纪委工作，看问题的角度已和当年在媒体时有所不同。纪检监察机关要做的不仅仅是监督干部，还应着眼于呵护干部成长。如何才能让公职人员自觉远离腐败？当我面对面接触了大量活生生的案例之后，更加感到，要让干部少犯错误，岂能不做“反腐文章”。从关心干部的角度来说，反腐倡廉的相关话题、相关道理一定要说，不但要说，还要多说常说。

的确，有些人认为，反腐败靠“说”是没用的，贪官们并不会把那些道理听进耳里记在心里。一度，我也对此颇为疑惑，不敢确定廉政教育这个环节是否多余。直到有一次，和一名落马的县级政府一把手在留置场所面对面，当我问到他这个问题时，他非常肯定地表示：廉政教育非常有用，就是你们平时“说”得太少了，以至过一段时间后，自己紧绷的神经又渐渐松弛了，加上大权在握等原因，于是最终没避免今日这个结局。他还说，如果不是因为平时也算看了一些案例通报、接受了一些警示教育，使自己有所收敛，那么，他犯下的事还会更大。

既然连落马官员都认为我们说得太少，有必要多说，那么，我们就该反思：我们平时说得到底够不够？说的方式到底行不行？说的效果到底好不好？倘若能把握节奏，改进方式，注重效果，对干部多些贴心而管用的沟通交流，让他们切实知大势、明纪法、存敬畏、行正道，不是在很大程度上保护了干部吗？

正是有感于此，从担任纪委宣传部长开始，我便有意识地结合工作中的所见所闻所感所思所悟，陆续写了一批不妨称为“廉政随笔”的文章。文中提到的案例，有些是外地的（都在权威媒体公开报道了），有的则发生在身边（当然，这种情况，就不具体点名了——也没必要点名，因为，教训主要体现在事情上，至于发生在谁身上并不重要）。文章在报刊发表后，还在自己的公号推送过，希望与更多的读者尤其是公职人员分享这些体会。这一部分文章，主要收录在本书的上辑。

做了数年的廉政教育，我觉得，这事并不算什么技术活，它未必需要太高深的理论，太高大上的形式。它更需要的是，把道理讲实，讲细，讲透。也就是说，要实实在在把利害关系讲明白。马克思说过，“思想”一旦离开利益，就会使自己出丑。对多数干部来说，能结合其自身利益，把贪腐的后果说清楚，让他们端正三观，守住内心，基本就算成功了，太空洞的说教反而没法让人入耳入心入脑。

前不久，中共中央办公厅印发《关于加强新时代廉洁文化建设的意见》，并发出通知，要求各地区各部门结合实际认真贯彻落实。高层把廉洁文化建设放在这种高度，可谓正当其时。全面从严治党快十年了，除了继续保持惩治的高压态势，确实需要着力解决一些根本性的问题。而文化的力量，正可以帮助我们从源头上解决问题，关键要看我们是否重视发挥它的作用，是否懂得借助它的力量。我想，作为一名基层纪检监察干部，有机会，还是要多和公职人员谈谈这些切身的体会，聊聊这些粗浅的道理，尽可能从思想观念上影响一批人，让他们切实认识到贪腐的无意义。尤其是对年轻的公职人员，更要把这件事摆在重要位置。新入职人员是一张白纸，让他们走正第一步，走好每一步，需要的就是廉政教育时时抓，廉洁话题常常说。如果这一代人的内心厚植了廉政文化之根，若干年后的政治生态就可能大有改观。

另一部分文章（下辑），虽然没有直接谈工作尤其是廉政问题，而是取材于生活中的某些方面有感而发，但不少内容也与修身立德有关。这些思考虽然肤浅，但起码也是一种声音吧，比一片沉寂总是好些。关注社会发展，关心人类命运，关怀个体感受，是一个写作者应有的态度。只求文采而回避现实的文字，我是一向敬而远之的。

收进本书的文章，我总体上把它们当杂文看待。杂文一直是我业余写作的主打产品。虽然很多人认为它不够“文学”，这种文体近些年似乎也日渐式微（曾经一纸风行的《杂文报》早就停刊了，《杂文月刊》《杂文选刊》这两种主要刊物也不像当年那样报刊亭随处可见了——当然，前提是，当年散布于城市街道的报刊亭也基本难觅踪影了），但这并不影响我对它喜爱如故。写杂文，就是要维系说话的权利，通过对世相百态的品头论足，各抒己见，该批评的批评，该赞扬的赞扬，激浊扬清，革故鼎新。我们要始终相信，发声，是为了社会更美好，而不是某些人狭隘理解的“负能量”。大家都说话，这个社会才是健康的，充满朝气和活力的。

最后说明一下这本书的出版“背景”。这是我的第17本书，里面的82篇文章，写于2014年9月至2021年8月之间，也就是我在赣州市纪委工作期间。我习惯根据时间节点与题材编辑自己的集子，算是一次次小结，同时也为下一次起步积累些许经验。取书名倒是个麻烦事，因为曾经用过“松间”这个笔名，微信名也与此有关，加上对松树这种最寻常的树亦颇有感情，更考虑到自己人微言轻，于是取了《松间轻语》这么一个平平无奇的书名。本书之所以交由广东旅游出版社出版，是因为前年在该社出版的第一部长篇小说《祥瑞宝莲》，在不到两年的时间印了七次，由此拉近了作者与编辑之间的感情，促进了编辑与作者之间的信任。于是，几个月前，当我说起手上积攒了这么一本集子时，该社副总编官顺、总编助理彭超两位先生当即表示他们愿意出版。出版社拿出了满满的诚意，不仅迅速申报了选题，还答应作者维持文章原貌的要求，甚至包括写作时间也保留于文末（作为一本市场化的图书，这一点太不容易了。对我来说，文章写作时间也有一定的意义，有助于读者了解当时的背景，以免因时过境迁而误读）。正因为他们对作者的尊重，所以，今天，当本书编辑杨恬老师通知我书号等手续都下来了，万事俱备、只欠一序时，我连夜赶出这篇文字，既是对读者朋友们做个说明，也是对出版社的同志表达谢意。

2022年3月9日之夜于瑞金

目录

下辑 心游万仞 / 107

上辑

人在职场

工作需要好心情

把工作干好，需要哪些条件？我们可以说出很多：较强的工作能力，认真的工作态度，良好的工作环境，必要的硬件设施……是的，这些都没错，可是有一样东西，我们可能没有太把它当回事，甚至没有把它和工作质量直接挂起钩：愉快的心情。

我也是在看到下面这则故事之后，才琢磨起工作与心情的关系，才知道好心情对工作质量是多么的重要。

1536年，瑞士钟表匠塔·布克因为反对罗马教廷而入狱。在狱中，他仍从事老本行，被安排制作钟表。然而，不管他怎么用功，也制作不出日误差低于0.1秒的钟表，而在此前，他能把钟表误差控制在0.01秒以下。布克发现，影响自己工作质量的，是工作时的“精神环境”。他认为：“一个钟表匠要在不满中完成制作钟表的1200道工序，是不可能的；要在对抗和憎恨中精确地磨锉出一块钟表所需要的254个零件，更比登天还难。”

故事到这里，远没结束。令人感到意外的事情还在后面：1560年，布克游历埃及，看到建造精致的金字塔巨石之间连一枚刀片都插不进去，他做出一个前所未有的推论：金字塔的建造者，不是2000多年前历史学家希罗多德所说的“无数奴隶”，而是一批“怀有虔诚之心”的“欢快的自由人”。原因无他，布克根据自己的切身体会，认为心情不好的人是无法做出这般高水准的活儿的。

更让你嗟叹的可能是：400多年后的2003年，埃及最高文物委员会宣布了同样的结论，认为金字塔是由当地具有自由身份的农民和手工业者怀着虔诚的心情自愿参加建造的，很多甚至全家出动。

姑且不论金字塔建造的真相到底如何，单从钟表匠布克的经历和体会来看，我们有什么理由不相信，一份好心情在工作中占到的极其重要的位置？

这么多年来，我在不同的岗位工作过，各个时期的心情和工作质量也不尽相同。现在仔细想想，自己的工作质量优劣，的确与工作中的心情有较大关系呢。心情好时，激情油然而生，能量或将加倍迸发。在这个时候，我们常常感到“乐此不疲”，即使加班加点也不会感到疲累、厌烦，而且往往事半功倍。至今还记得，十多年前在一家创办不久的晚报社上班，为了所谓的“新闻理想”，面对简陋的工作条件、繁重的采编任务、微薄的工薪收入，一干兄弟不计得失，不辞辛劳，没日没夜地忙碌却毫无怨言。大家为什么如此这般“犯傻”？就是因为打心里喜欢这份工作，钟爱这份报纸，满脑子装的尽是创业的甜蜜与喜悦。

还有很多时候，我们则经常感叹自己或别人“工作不在状态”“缺乏激情”。这个时候，你可想而知，这个人在工作中的心情肯定好不到哪里去。以无所谓甚至带有情绪的心态对待工作，哪里能够产生什么动力？即使勉强去做，也可能是事倍功半甚至无功而返。

世界上没有无缘无故的爱，同理，一个人的心情好坏当然也自有其缘由。工作中的心情，与对这项工作的兴趣有关，每个人总是更喜欢干自己感兴趣的事，哪怕报酬低一些，劳动强度大一些，也可能产生快乐，否则收入再多、地位再高也未必心情舒畅；与对工作单位的感情有关，热爱这个单位，就愿意为之投入，为之奋斗，甚至做出一定的牺牲，否则哪怕是多付出一点点也要斤斤计较；与工作的硬环境有关，办公场所整洁大方、工作设备先进优良，总比逼仄嘈杂、破陋不堪的条件让人舒服；也与工作的软环境有关，如上下级关系是否默契、同事之间是否融洽、对外沟通是否顺畅等等，都直接影响个人心情的好坏。大致可以说，这些因素有源于自身的，也有来自外部的。

源于自身的问题，要靠自己去解决。比如，工作与兴趣之间的矛盾，需要自己尝试能否调和，让自己改变对所从事职业的看法，从中发现乐趣，逐渐培养兴趣和感情。如果能在这个基础上，让自己形成强烈的敬业精神，发自内心地想把工作干好，那就可以少受身外因素的干扰，做一个快乐的职场人。当然，如果无论付出多大的努力还是无济于事，实在无法说服自己接受这个职业，那么，考虑转行也是可行的甚至必要的。世上三百六十行，总能找到自己中意的吧，犯不着在一棵树上吊死。

来自外部的矛盾，要靠大家一起解决。比如，办公条件欠佳的问题，需要领导者多关心，多想办法，尽可能改善工作条件；人际关系的问题，需要同事们互相关爱，互相理解，传递温暖，传递快乐。外部环境与一个人的内心世界相互影响，用一句时髦的话来说，我们应该让二者产生“正能量”。

既然心情的好坏在工作当中如此重要，我们就应努力保持良好心情，为自己，也为他人；不管你是上级，还是平级、下级。唯有大家都经常拥有好心情，每个人的“工作”才能汇聚成大伙的“事业”。

2014年9月22日之夜

知道与做到

看到一则小故事：有一次，美国通用电气首席执行官杰克·韦尔奇应邀来我国给企业管理人员讲课。然而，听完课，很多人却感到大失所望。他们问杰克·韦尔奇："您讲的那些内容，我们也差不多知道，可为什么我们之间的差距会那么大呢？"杰克·韦尔奇回答："那是因为你们只是知道，而我却做到了。这就是我们的差别。"

"知道"与"做到"，也就是知与行的关系，实在不是一个有新意的话题。可是因为二者脱节导致的天壤之别，又让人觉得总有发不完的感叹。

在人们文化素质普遍低下、信息传播技术落后的年代，"知道"诚然是一件不容易的事。知道与否，往往决定一个人、一个地方的竞争力高下。人家知道得多，就可能捷足先登，跑在前头，时时先把好处拾捡去了。你看古代一个人只要认识几个字就能高人一等，就是这么一个道理，因为多数人是不通文墨的，知道的东西自然就要少些，很多时候便得求着人家了。

但即便如此，几千年来，我们的先贤也没有满足于"知"的层面，一直在强调"行"的分量。《荀子》有云："不闻不若闻之，闻之不若见之，见之不若知之，知之不若行之。"行动显然是做事最重要的环节。《朱子语类辑略》载有朱熹的类似观点："论先后，知为先；论轻重，行为重。"王夫之亦曾论述："行焉，可以得知之效也；知焉，未可以得行之效也。"《孔子家语》则说："知而弗为，莫如勿知。"言下之意，知道了却不去做，还不如不知道，省得让人看了心烦。可见，"做到"比"知道"重要，并不是什么高深的道理。

"知道"与"做到"的差别，其实就是执行力的问题。我常常认为，当今时代已是信息时代，人和人之间可以获取的信息在时效和数量上都差不了多少；地区与地区之间同样如此，以前只有发达地区率先掌握的资讯、理念，现在经过各类媒介传播以及大量的参观考察学习活动，大家都差不多理解了、接受了。至于资金、技术、政策等因素，如今也不是无法逾越的障碍，只要想办法去争取去解决，问题都不是特别大。可是，人和人、单位和单位、地方与地方之间的执行力，就很难做到整齐划一了，差距的产生，最有可能恰恰在此处。

执行力体现的是人的综合素质尤其是行动能力。有的人，天生就是办事拖拉，缺乏雷厉风行的作风，什么都要比人家慢一拍；有的人，身上就是有一股惰性，总想着不劳而获，做不到吃苦耐劳；有的人则喜欢空谈，光说不练，潜意识里从不把干实事当回事。如此种种原因，就让人的执行力千差万别了。

执行力或耽误于懒性子，或耽误于慢性子，而耽误于空谈者尤其多。我们都知道，空谈误国、误事、误人，害处无穷；可是，在很多时候，我们又偏偏热衷于空谈而不自知，包括大喊“空谈误国”的时候，未必不是在以空谈反“空谈”。

不妨看看工作中的空谈表现：开了多少个会，发了多少个文，组织了多少次并无实质意义的学习与研讨……最后，是否有人关心这项工作的进展、着落、成效？也许，会议内容根本没人记得，文件早就被束之高阁。

时间都去哪儿了？都在文山会海中，都在空发议论中，看似声势浩大、热闹非凡，其实根本没打算干这件事。忙忙碌碌为了啥？到头来谁都说不清楚。

我想，如果我们仍满足于用这种思维方式推动工作，那么，我们将永远像杰克·韦尔奇所言，继续停留在“知道”中，和人家仍然相差十万八千里。

明末清初思想家唐甄有一句话：“以实则治，以文则不治。”说白了，就是文牍主义干不成事，要出成绩，靠的是行动，靠的是实干，而不是开会、下文件、发表太多的“重要讲话”。抓行动、抓落实，比讲什么都更重要！

就如“知道”容易，明白这个浅显的道理也是很容易的，关键在于，我们怎么做到身体力行，用实际行动来缩小“做到”的差距。这一点，除了唤醒人们的自觉意识，恐怕还有必要在制度层面给出若干刚性规定，让“空谈”行为有所顾忌，老老实实却步，让崇尚空谈者失去市场，不得不躬身实践以求生存发展。

2014年9月24日之夜

守住“雅好”

人总得有点爱好，否则生活未免太乏味。普通百姓如此，达官贵人亦然。

就拿较受群众关注的官员来说，他们并不是你想象中的那样只会当官，只会开会，只会念稿，只会陪客，只会动动嘴。其实，官员也是人，八小时之外，他们也有自己的爱好。当然，有些官员好财，有些官员好色，有些官员好赌，有些官员好吃喝，这些都是低俗之“好”，为人所不齿，实在不值一提。值得一提的是，不少官员都有拿得上台面的技术含量颇高的“雅好”，比如摄影、书画、文学、音乐、收藏，等等，不一而足。

有些官员对自己的“雅好”，是发自内心地“好”，这个暂且不提；先说另一些官员，他们的所谓“雅好”，其实是醉翁之意不在酒，不是为了博名，就是为了图利。

最近落马的河南省人大常委会党组书记、副主任秦玉海，曾经是当地有名的“摄影家”，作品挂进了京沪深等大城市的地铁。大煞风景的是，据报道，其在被组织谈话期间，曾退出价值数百万元的摄影器材。

若干年前落马的湖南省郴州市委书记李大伦，是个“官员书法家”，专门出版过书法作品集，据说水平不算差。令人败兴的是，其出事后，媒体披露，他的书法作品集通过市委宣传部发文向党政机关摊派，每本定价418元，凭此赚了一笔丰厚的“稿费”。

又如，重庆王立军、天津武长顺两名直辖市公安局局长，不约而同爱好发明。尤其是王立军，仅在重庆期间就申请了254个专利。可他们的发明是为了什么？东窗事发后，人们就看到了“专利”给他们带来的滚滚财源。还有些官员，则以爱好收藏的名义大玩“洗钱”的把戏，玩“收藏”纯粹是为了

"收钱"，手段更是赤裸裸。

秦玉海、李大伦之流，选择的爱好本来不错，可是公权力在这里作祟，揭开盖子，人们看到的已不是艺术而是腐败。至于搞"发明"、玩"收藏"之类的做法，更是挂羊头卖狗肉，与真正的"爱好"已相去甚远。

以所谓的"雅好"掩人耳目，明修栈道，暗度陈仓，干些蝇营狗苟的事，这一招看似高明，但纸总是包不住火。法网恢恢，疏而不漏。伸出了黑手，总有被捉的一天，一旦这个时候到了，这些"聪明人"便大出其丑，最终被所谓的"雅好"害得身败名裂，这只能说是"活该"。

现在倒回来说那些真正好"雅"的官员。我对于有真才实学的官员，由衷地表示佩服。在政务繁忙之余，能较高水平地掌握一两种甚至多种才艺，这事不容易。当然，把眼光放远一些，这其实也不是新鲜事，你看古代的很多官员，本身就是大才子：书法家王羲之、颜真卿，文学家韩愈、白居易、苏轼、欧阳修等，哪个不是官员型专家？人家首先是个官员，舞文弄墨是业余的事。所以，今天，你如果听说某个官员拍摄了多少艺术作品、出版了多少诗集文集、书画水准达到了何种高度，也不必过于惊讶，不必以"怀疑一切"的心态来打量人家。要相信，很多人确实可以做到这一点，只要他把时间合理安排好。

官员有"雅好"，本身不是坏事，分寸把握得好，可以修身养性，陶冶情操，乃至促进工作。但需要注意的是，因为身份特殊，官员们对自己的"雅好"，要随时保持一份清醒，否则，一不小心，"雅好"便如脱缰之马，反生祸患。

这不是杞人之忧。早年就听说过，厦门海关有个副关长接培勇，为人清高，百毒不侵，对没文化的走私巨头赖昌星正眼不瞧。当然，赖昌星也不是省油的灯，他认定人总是有爱好，而这往往可以成为一个人的软肋、死穴。为了"拿下"接副关长，赖昌星打听到他酷爱书画，是个雅士，于是以此为切入点，一举坏了接副关长的百毒不侵之身。

"雅好"成为别有用心之徒拉拢腐蚀的突破口，这个教训，足以让全体正派的官员引以为戒，警钟长鸣。

还需当心的是，对"雅好"如果爱之过甚，可能沉湎其中，影响正常工作，甚至导致严重后果。这种渐变之危，也是有许多前车之鉴的。五代十国时期的后唐庄宗李存勖，能力不差，却因把看戏演戏这样的事放在最重要位置，最终造成内乱，死于非命。多才多艺的宋徽宗赵佶，也是没摆正工作和业余爱好的关系，丢了江山，成为俘虏。今天有没有玩物丧志、耽误事业的案例？肯定有，不过因其身份地位等原因尚未造出这些历史人物那么大的影响而已。

官员过于看重“雅好”，还有可能受谄媚之人吹捧，昏了头脑，迷失方向，形成不良导向，破坏政风世风。楚王好细腰，宫中多饿死，领导人物的爱好往往引领时尚潮流。现实中我们也经常看到，某个领导爱打球，身边便会冒出一批爱打球的人。如果不注意场合，模糊公私界限，便会使更多的人跟风，甚至使球技成为用人的标准。在这种情况下，领导虽然不贪不占，但因为个人爱好导致歪风盛行，这不是另一种过错吗？

作为官员，做好本职工作才是第一位的，业余爱好终归是业余爱好，只能摆在闲暇有余的地位。如果本末倒置，那就被“雅好”给坑了，不值得，也不应该！所以，守住“雅好”，别让它悄然出轨，成为小人进攻的破绽，成为喧宾夺主干扰工作的杂音，成为一个地方不正常的风向标，对官员们来说，实在也是为官修德的题中应有之义。

2014年9月25日之夜

加固“第一道防线”

34岁那年，她从高校转到政坛，担任副县长，风华正茂，满怀憧憬，立志要干一番事业，对腐败现象深恶痛绝。面对“红包”的诱惑，她要求自己“同流不合污”，定下“退钱不过夜”的规矩。某个晚上，当一名干部送上一万元时，她一家三口开车追了几里路去还钱。

随着阅历的丰富，“见识”的“开阔”，她对环境越来越“适应”，渐渐地对某些不正之风习以为常，内心的坚守从“同流不合污”悄然过渡为“适者生存，不适者亡”，对“红包”不再排斥，甚至“如鱼得水”，胆子越来越大。

接下来，她学会了让权力变成私利，索贿“四处开花”而且讲究“技术含量”，哪里有工程就往哪里凑。再后来，干脆直接索贿，连表面功夫都懒得做。

案发时，她的贪腐数额高达4000多万元。此时，她担任县委书记不过两年，进入政坛也不过12年多。2015年7月10日，因为受贿等罪名，她被四川省乐山市中级人民法院判处无期徒刑，剥夺政治权利终身。

她叫袁菱，落马前是四川省蓬安县委书记。2015年9月10日，《中国纪检监察报》大篇幅剖析她的堕落轨迹。

从“同流不合污”到“引领污流”，从坚决拒贿到主动索贿，袁菱的蜕变并非个案，在众多的贪腐案中，我们总是似曾相识地看到这种影子。而正是因为“似曾相识”，再次令人喟叹不已。

显然，袁菱之败，首先败在“第一道防线”的失守。当她收下第一笔不义之财时，她就不再是当初的她，她的阵地很快就要沦陷了；她将不再是自己的主人，而将沦落为“入侵者”的俘虏。事后我们便清晰地看到，形势果然是朝这个方向飞速发展的。

对廉洁从政来说，“第一道防线”至关重要。《老子》说：“慎终如始，则无败事。”要做成一件事情，必须像开头那样坚持到最后。所以，这个“头”，务必开好。可《诗经》却说：“靡不有初，鲜克有终。”的确，起之易而收之难，做到善始善终，实在是很不容易。

一不做，二不休。人的心理就是这样，坚守的东西一旦没守住，到了后来便干脆全面放弃，所谓“破罐子破摔”“死猪不怕开水烫”云云，说的就是这么回事。

以袁菱们为例，为什么“第一道防线”如此不经攻，三两下功夫就全面崩溃，一败涂地？究其原因，无非两方面。

一方面是内因。其“防线”本来就筑得不够牢。由于修为不够、定力不足等因素，我相信，这类贪腐官员尽管出发点不错，有廉洁为官之意，但只是幻想“洁身自好”“同流不合污”，建立在这样的基石上，这道“防线”能牢固到哪里去？除非，你和贪腐完全不合作，亦即根本不“同流”，坚决与之作斗争，做一个精神与行动上的战士，誓将腐败的土壤铲除，否则，腐败的气息，总有一天可能侵袭进来，让你防不胜防。

另一方面当然是外因。毋庸讳言，有一个时期，法纪松弛，腐败现象比较普遍。当“进攻”的力量过于强大、势头过于猛烈，偏偏又缺乏刚硬的外力帮助阻挡、遏制，光靠一个人内心的“自觉”，这种“坚守”取胜的可能性，无疑有点“玄”。

袁菱的经历很有典型性。多数官员并非天生就有贪性，这些人最后堕落成贪官，和袁菱一样，有自身的原因，也有社会的原因。靠一个人以自身修养为资本，主动自觉地做到“不想腐”，固然不是不可能，但那只会是一种偶然，一种小概率事件。如果没有“不敢腐”的惩处力度、“不能腐”的制度设计，“不想腐”的防线或将脆弱许多。某些官员们之所以“第一道防线”被突破后，事情的发展一发而不可收拾，原因恰恰在于监督与惩处不够及时甚至缺位。

不管怎么说，我们都不能否定“第一道防线”的重要性。因为这道“防线”的存在，官员们才能清白为人，廉洁为官，而不是甘心为贼。否则，“笼子”再严密，也难防“小偷”的黑手。只不过，我们要清醒地认识到，仅仅在心里筑起防腐拒变的防线是不保险的，还需要借助外力加固它，那就是监督惩处等制度建设齐发力，让这道防线坚不可摧。唯有如此，方能确保广大掌握公权力的官员们“慎始而无后忧”。

2015年9月14日之夜

几千个号码背后是权力的威风

一部小小的手机存储着几千个商家老板的手机号码。2002年至2014年间，这个叫孙健的机主，通过这些手机号码，利用自己担任江苏省淮安市政府副秘书长，行政审批中心主任，商务局党组书记、局长的职务便利，先后敛财160余万元。这些手机号码，似乎非常“管用”，非常“灵通”，随时可以为机主带来利益。比如，2014年8月，孙健准备装修自家别墅，他翻出手机里的“资源库”：改造房屋，请毕老板安排施工人员；装电梯，找电梯公司的钱总“帮忙”；装空调和整体厨房，他想起装修公司的朱总……一切该由个人承担的费用，孙健全部通过手机里的“人脉”转嫁给企业老板。

把这些毫不关联的手机号码的“力量”整合到这般强大，和手机无关，和号码无关，甚至和机主也未必有关，说到底，它只和权力有关。在这几千个号码的背后，我们看到的其实是权力的威风。

相关报道表明，孙健在担任市商务局局长时，集人、财、事大权于一身。一句话、一个批示，就能审批项目、调动资金、提拔干部。正是因为手上权力集中，孙健有了和别人交易的资本，于是，他的电话打出去，相关的利益就会送上来；而另一方面，权力也在悄然把公共利益作为私人馈赠，流向一些本不该去的地方。我们常见的权钱交易、权色交易、权权交易，都是这么回事，根本问题，还是出在“权”上面。某些贪官对此倒是并不糊涂，他们说：“老板们（或美女们）看上的不是我这个人，而是我手上的权。换了别人坐这个位子，他们也就找别人去了。”

权力是个好东西，可以让拥有它的人实现很多意愿；权力也是双刃剑，拿捏不当的话，随时可以让使用它的人受伤甚至带来性命之忧。孙健这样的情况并非个案。手握公权力而锒铛入狱的官员，有几个不是因为用权不当、用权无节制而栽了大跟头？

近年来，随着反腐力度的加大，越来越多的人认识到，权力大，风险也大，对个人来说，有权力并不一定是好事。有些人甚至因此“怕”了权力，不愿意在“有权”的岗位待着，宁愿选择“权小责轻”的单位袖手旁观。这当然是另一种极端。敬畏权力是应该的，但不是这种“怕”法。这种逃避式的“怕”，其实只是不敢担当的表现，是一种责任意识的淡化、缺失，当然是不足取的。

正确对待权力，需要真正把权力关进制度的笼子。装在制度笼子里的权力，可以良好地调节社会关系，有效地维护社会公平正义。突破制度笼子约束的权力，则如同脱缰的野马，可以肆意践踏一切，造成不可估量的损害。近现代以来，人们都在不断地探索解决这个课题，从大的方面来说，把权力关进制度的笼子，人类已经取得了巨大的胜利。但是具体到某个职位某个人，还需要一个漫长的过程。让权力受到合理限制，变成“有限权力”，对手握权力公器的人来说也是一种有效保护，至少可以让他们远离重大危险。

正确对待权力，还应该刹住权力的“威风”，让它“抖”不起来。这就需要权力在监督的状态下运行，确保它时刻行走在正常的轨道上。监督应该有效，应该多渠道，应该在阳光下形成合力，而且不能滞后于权力的运行充当“马后炮”。总之，监督的力量要足以使用权者无法借助权力的力量耍威风、谋私利。

既有制约，又有监督，如此，不管是孙健，还是换了李健、王健、张健、刘健等掌权，一切都只能按规定办；那么，不管他手机里有几千个、几万个号码，和手机里没有一个号码的结果是一样的。

2016年10月11日之夜

诺基亚之败，领导者之鉴

诺基亚，曾经的手机帝国“霸主”，数年前，却在市场竞争中悄然没落。诺基亚的失败，在业界内外引起广泛关注。当时，人们多从技术层面、市场营销角度分析其“出局”原因。然而，最近读有关报道得知，欧洲第一商学院教授后来通过调查分析，给出了更深层次的答案：诺基亚之所以会在智能手机战中败走麦城，是因为在公司的中高层管理者中蔓延的恐惧感使得全公司都具有惰性，使它无力应对苹果推出的改变游戏规则的设备。尤其引人注意的是，研究报告说，在当时的诺基亚公司，领导者喜怒无常，如惊弓之鸟的中层不敢说出真相，要么保持沉默，要么只报喜不报忧，最终影响了公司的决策。

领导者脾气欠佳，看来不仅中国有，外国也同样有；不仅公共机构有，民营企业也会有；不仅过去有、现在有，将来恐怕也还有。原以为发发脾气、耍耍威风只不过是在工作中制造一些不愉快氛围罢了，现在看来，其后果远不止于此，弄不好，“玩”过头了，还会给单位、事业带来灭顶之灾呢。

诺基亚之败，足够成为各行各业领导者之鉴。

身为领导者，不可情绪失控，让人望而生畏。一个人有点脾气是正常的，但滥发脾气就不对劲了。由于职业地位和个人素养等原因，喜怒无常、蛮不讲理、出尔反尔之类的作风，很容易发生在领导者身上。或许，在这些领导者看来，这样才能让下属敬畏自己，让下属无法“吃透”自己，从而体现权力的神秘感和身为领导者的特殊地位。殊不知，这类表现，最容易让部下产生不安全感。威信根本不是靠发脾气树立起来的，而是靠领导艺术、个人品行等综合素质形成的人格魅力来实现。领导者如果没有这种优良品质，只知道声色俱厉，别说让下属亲近，就连让下属“敬而远之”都会办不到，剩下的只能是让人“畏而远之”。既“畏”又“远”，到了这个地步，人家都懒得和你说话了，一个“孤家寡人”怎能“集思广益”？做人做到这个份上，就是一个普通人也是很悲剧的，何况表面风光的领导者。

身为领导者，不可目空一切、自以为是。喜怒无常者，往往唯我独尊；唯我独尊者，常常目空一切，谁都不放在眼里。明智的领导者应该知道，尺有所短、寸有所长，事业这台机器的运转，是靠各种不同作用的零部件来共同维持的，“一个人包打天下”向来是行不通的。“三人行必有我师”，别看不起你的任何一位部下，哪怕是那些身处普通岗位的员工，他们拥有的专业技能就可能高过你——比如，驾驶员的驾驶技术比你好，打字员的打字速度比你快。这样比一比就知道，你职位高，岂能代表你什么都是最厉害？要是一味沉醉在良好的自我感觉中，只能导致你听不进别人的任何话，结果同样是悲剧的。

身为领导者，不可掩耳盗铃，只听好话。没人愿意和你说话，让你失明失聪；虽有人说话，却是报喜不报忧，让你选择性失明失聪。如此自欺欺人，后果不堪设想。此类教训古往今来都不鲜见。就拿诺基亚来说，如果当初公司的领导者少一点官僚主义作风，听得进不同意见，那么，他们或许可以及时掌握真实的市场动态，由此进行科学判断，做出正确决策。所以，成功的领导者，不但要能“听”，还要善于“兼听”，让自己随时保持耳聪目明的良好状态。

事业的兴衰成败，靠的是来自各方面的合力，但领导者在其中起的作用尤其关键。正因为如此，领导者要理智地管好自己的性情，不能以普通员工的标准要求自己。普通员工“任性”一点不要紧，对整个大局影响不大；领导者则千万不可如此，否则，再辉煌的历史，也可能在你的手上改写。

2016年11月20日之夜

给“问题”一条出路

最近，赣州市纪委监察局对3起通过党内组织生活自查自纠发现的侵害群众利益问题进行通报。3起案例的5名当事人都是村干部，违纪金额几千元到几万元不等。因为主动报告、主动整改，根据“自查从轻、被查从严”的政策，他们均获得了从轻处理。

近年来，各级纪检监察机关的案例通报已成为常态，数量相当可观，但这类因为自查自纠而获得从轻处理的通报尚不多见。该通报指出：“对在自查自纠期间能够及时向组织说明情况、交代问题、主动整改的干部，依纪依规从轻、减轻或免于处理；对于那些不主动查找问题、不如实说明情况，故意隐瞒、有错不纠甚至不收敛、不收手，顶风违纪的干部，坚决依纪依法严肃处理。”以自查自纠的方式给“问题”一条出路，并以公开通报的形式向公众证实这项政策的兑现情况，此举具有现实的积极意义。

基层“微腐败”行为虽然不似巨贪们的典型“事迹”那样抓人眼球，但因其广泛性、贴近性等特点，历来为群众所深恶痛绝。正如某些观点所说的：“大老虎”的危害虽然巨大，但是老百姓没有直接看到；“苍蝇”们的腐败，则与普通群众的生产生活息息相关——没准他们口袋里揣的那几个小钱，就是某个贫困户的饭钱呢。所以，群众对发生在身边的“微腐败”感受深切，不恨才怪。

但是，回归到现实中来，要彻底清除腐败，就必须正视腐败形成的深层次原因。这个问题可以从社会大环境和个人自身修为两方面去看。大环境方面，我们不得不承认，有那么一段时间，出现过较大范围的法纪松弛问题，执纪不严、违纪不究，甚至许多规定形同摆设，让一些有识之士只能感叹无奈。十多年前，著名杂文家邵燕祥就说过“不再做反腐文章”的话，他在一篇文章中说道："把这十年来我写的有关反贪污反腐败的文字加在一起，大约也够编成一本书了。可是有什么用呢？"在这种环境下，对于那些个人定力不够、修为不高者来说，出现"从众心理"，以"不捞白不捞"的心态对待公共财物公共利益，就不足为奇了。"从众者"自身当然要对自己的行为所造成的后果负责任，但完全脱离大环境来处理这些事，只怕还是有理想主义之嫌。

即使同样是涉腐者，每个人对待腐败的态度也是有差异的。有的人，贪得无厌、雁过拔毛，不给好处不办事，给了好处乱办事，以吃拿卡要敲诈勒索为能事。这类腐败分子，性质最是恶劣，可以算是"主动型腐败"。有的人，则是在诱人的利益面前，一时冲动起了贪念，虽然经过一番犹豫，但终究没能守住底线，伸出了不该伸的手，事后其实也产生过悔意。这种情况，具有一定的偶然性，不妨称之为"偶发型腐败"。还有一种情况是，要么抵挡不住对方热情如火的再三"进攻"，碍于情面勉强接收，要么不愿因为破坏"潜规则"而成为"异类"受到孤立，于是随波逐流，睁一只眼闭一只眼也收下了"见者有份"的那一份（但他们起码能做到不主动伸手）……这些，可以说是"被动型腐败"。几种情况，出发点、手段和造成的影响都有所不同，故而不宜"一视同仁"，搞"一刀切"式的简单处理。

正是基于这些现实情况，根据腐败问题的复杂性、腐败原因的多样性等情况，在特定领域以自查自纠的形式，给那些程度不算太重、尚有挽回余地的"问题"一条出路，在现阶段是有意义的。通过以查促纠、惩教结合，让那些有问题的干部正视问题，把握机会，实现"自救"，既可以起到惩前毖后、治病救人的效果，也可以让有关人员因此放下沉重的心理包袱、轻装上阵投入新的工作，还可以把执纪监督的力量从某些方面解放出来，以便集中火力对付真正的大问题。

当然，需要补充的是，对于这类自查自纠的做法，必须严格按规定执行到位，千万不可流于形式走过场，特别是不能让那些并非真心改过的人钻了政策的空子；尤其重要的是，这个阶段完成后，执纪监督机构应该从制度层面入手，扎紧"篱笆"，加强"守护"，立足抓早抓小，杜绝今后再度大面积地出现类似问题。

2016年12月4日之夜

俭以养廉

这几年，随着公职人员的福利待遇越来越规范，对一部分单位来说，由于去除了某些“隐形收入”，职工的实际收入比以前有所下降了。最近，偶然在网上看到网友谈论这个话题，有人认为，公职人员工资本来就不算高，“福利”缩水后，日子越来越不好过了，只怕更加难以守住廉洁的底线，或将出现以权谋私、乱作为等问题。

这种担心似乎不无道理，但又未必全然符合逻辑。其实，一个人收入的多少与其人廉洁或者贪婪，并没有必然的联系。“君子固穷”，有气节的人，就算物质上贫穷一点，精神上也不会输给别人。而心存贪念者，即使其财产再多，也不会轻易满足。试看那些落网的贪官，有几个是因为没有钱、日子穷困得过不下才去贪腐的？显然，几乎没有这样的人，贪官们的物质生活条件其实都不错，老百姓因此很不理解：他的钱下辈子都用不完了，咋还在想方设法拼命捞？还是古人说得好：“奢者富不足，俭者贫有余；奢者心常贪，俭者心常富。”

俭者心常富！由此想到，在现阶段，无法实现“高薪养廉”的情况下，收入不高其实也可养廉，那就是以俭养廉。

“俭”是我们这个民族的优良传统之一。几千年来，有识之士对“俭”的认识就高度一致。“俭，德之共也；侈，恶之大也。”这话是两千多年前的古人说的，意思简明扼要：俭乃大德，侈乃大恶。李商隐的名句“历览前贤国与家，成由勤俭败由奢”更是家喻户晓，广为流传。在正统的价值观中，人们也总是甘于俭朴，以此为美德。孔子赞扬颜回：“一箪食，一瓢饮，在陋巷，人不堪其忧，回也不改其乐。贤哉回也！”宋代名臣李沆身居宰相高位，生活上却节俭得很，对狭小破旧的居室毫不介意，还说：“巢林一枝，聊自足耳，安事丰屋哉。”这份修为，够高大上了！

对公职人员来说，带头崇尚俭朴的生活，是一种基本的要求，也是一份应有的责任。中共中央2015年10月印发的《中国共产党廉洁自律准则》第三条就明确规定：坚持尚俭戒奢，艰苦朴素，勤俭节约。这还不是仅仅针对党员领导干部提的要求，而是面向全体党员作出的规范。同时印发的《中国共产党纪律处分条例》把党员因“生活奢靡、贪图享乐、追求低级趣味，造成不良影响的”列为违反生活纪律的行为（见《条例》第126条），将视情况给予处分。党员如此，公职人员亦然，他们有责任引领社会主流价值观，倡导健康向上的社会风尚。即使生活条件好起来了，也应以俭朴的标准来要求自己，不能行挥霍浪费、奢侈无度之事，所谓“虽有丝麻，无弃菅蒯”是也。

崇尚俭朴的生活，也是公职人员拒腐防变、规避“权力风险”的需要。俭朴可以遏制欲望，消除诸多后顾之忧。在多数“出事”的公职人员身上，事情坏就坏在“欲望”二字。因为欲念升腾，没有管住自己的手脚；因为欲念升腾，被居心叵测之徒乘虚而入；因为欲念升腾，最终陷入违纪违法的深渊不能自拔。《晏子春秋》告诫人们：“食鱼无反。”吃鱼时不要翻过来，也就是对于物质上的东西，差不多就行了，不要太贪心。如果能从这么一个细小的事情开始控制贪念，就不致于铸成大错了。无欲则刚。因为无“欲”，内心不受侵蚀，防线不被攻克，即使手握大权，也可身心自在，诸多烦恼事自然不翼而飞了。

居家过日子，讲究“开源节流”。公职人员的收入是国家规定的，在工作领域不存在“开源”的问题（除非动歪心思），那么，你就得学会“节流”，也就是简单生活、合理消费。其实，如果没有吃喝玩乐之类的不良嗜好、没有穿金戴银出入会所之类的高消费，当前这份工资还是足够让你过上正常而不失体面的生活，关键是心态要摆正。《诗经》有云：“不忮不求，何用不臧。”用今天的话来说就是：不嫉妒不贪求，怎么会不好呢？就是嘛，看到人家开名车住豪宅而不眼红，看到诱人的利益而不动心，在物质生活上没有过高的、不切合实际的追求，心境修炼到了这个地步，还会有什么不开心的事呢？

“内无妄思，外无妄动。”如果一个人能自觉做到不羡浮华、不慕虚荣，勤恳工作、踏实生活，那么，俭以养廉，完全可行！

2016年12月10日之夜

文化滋养其“根”，才有“枝繁叶茂”

辞旧迎新，忽发雅兴，添得两盆兰花装点书房。此前并无闲情亲近花草，所以对养护之道一窍不通。有学农的朋友相告：“养兰先养根。其实，养花种树，最重要的就是养护好它们的根。只要根在，希望就在。”

由此想到，植物如此，人也一样，要活得精彩，就需要从根本上找到一种精神上的支撑力量。在前不久召开的十八届中央纪委七次全会上，习近平总书记就强调：“要依靠文化自信坚定理想信念。”

近年来，我们越来越看到文化的重要性，越来越重视从文化上解决问题。从深处看，只有在文化上自信了，理想信念的坚定才能如“太阿之剑，犀角不足齿其锋；高山之松，霜霰不能渝其操”。“文化自信”之于理想信念，不就相当于植物的“根”？

“文化自信”已不算“新词”，但绝对还是“热词”。曾经，因为某些不正之风、丑恶现象的盛行，人们一度对自己的传统文化价值产生怀疑；因为某些西方文化与价值观的恣意输入，人们对自己的泱泱文明产生动摇。但是，十八大以来，中央推出的系列新政，尤其是反腐败斗争从治标入手，步步深入、标本兼治，从“呈胶着状态”到“压倒性态势正在形成”再到如今的“压倒性态势已经形成”，让国人重新提振了希望，找回了自信，尤其是文化自信。

文化是民族的灵魂。中国人本来就应该有文化自信。中华文化，位居世界四大古文明之列——当然，这还不足以让我们引以为豪，真正该引以为豪的，是在这几大古文明当中，唯有中华文明几千年来没有中断和消亡！为什么是中国？因为我们的传统文化有太多的优秀元素，因为我们的文化有太强盛的生命力。千百年来，中华文化以海纳百川的胸怀包容世界，不断地在发展中革新、在革新中发展，并由此拥有了强劲的自我修正能力。“据沧海而观众水，则江河之会归可见也；登泰山而览群岳，则冈峦之本末可知也。”正是因为中华文化站位高超，所以能与时俱进，迸发无与伦比的精神力量，成为这个民族屹立不倒的自信根源、坚强后盾。

理想信念的坚定，离不开文化自信。某个时期，腐败问题缘何大面积出现？根本还是在于某些手握公权力者理想信念“总开关”出了问题。反腐有“三境界”，通过几年的努力，当前，腐败蔓延势头得到有效遏制，不敢腐的目标初步实现，不能腐的制度日益完善，不想腐的堤坝正在构筑。“不想腐”，这是反腐败斗争的最高境界，相当于“无招胜有招”的武功境界。达到这个程度，才算实现了治本的目标。“守底线”靠纪律、靠制度，“高标准”靠文化、靠觉悟。实现这个目标，需要的正是文化的力量，需要的正是广大干部正心修身，以文化上的自觉坚定理想信念，守住为政之本。

“粗缯大布裹生涯，腹有诗书气自华。”就个体而言，文化自信来自相应的人文素养和精神境界。“种树者必培其根，种德者必养其心。”不从心灵深处解决问题，一个人的品位硬是上不去。纵观苏荣之类的腐败分子，虽身居高位而贪婪无度，让旁观者觉得其傻傻的：他们这辈子物质上根本不缺什么，拼命捞那么多图个啥？说到底，就因为骨子里少了文化，导致他的认识就这么浅，境界就这么低，精神上永远是侏儒，所以做出来的事永远是街头小偷小摸之流的格局。只有久经优秀文化的浸润与修炼，一个人的内心才会自觉远离“三俗”，理想远大，信念坚定，品行高洁，恰如芝兰生于深林，不以无人而不芳。

树立文化自信，从每一个人开始，从修身齐家开始。解决了“根”的问题，何愁“枝繁叶茂”？

2017年1月10日之夜

走好第一步，走正每一步

由于工作关系，经常阅读落马官员的忏悔录，剖析他们走上歧路的轨迹。他们中的大多数，并非像福建省长乐市金峰镇集仙村原党支部书记、村委会主任李立忠那样，立下的是“三年捞够五百万”之志，而是经历了这么一个过程：怀着高尚的理想参加工作，通过若干年努力奋斗，走上相应的领导岗位；手握一定的权力之初，也曾抵制“红包”、拒绝贿赂；时间稍久，却在所谓的“大环境”中，逐渐放松防线，随波逐流，半推半就涉足腐败；收钱收物成为习惯之后，贪欲一发不可收，由被动接受到主动伸手，不见好处不办事，一头栽进贪腐的深渊；待得东窗事发，无不后悔莫及……

应该说，这些落马官员，他们的“人生第一步”是走好了，“初心”并没什么问题；但由于没能一如既往走好后面更漫长的路，结果前功尽弃，一切归零。

《诗经》有云：靡不有初，鲜克有终。对公职人员来说，在人生的道路上，走好第一步不算难，走正每一步则不容易，自始至终的坚守，不仅非常重要，而且十分必要。

走好第一步，走正每一步，需要时时注重修身以“洁源”。正风反腐要实现“治本”目标，还是得回归到为政者自身修养的提升上来。王阳明说：“破山中贼易，破心中贼难。”魔由心生，一个人能否廉洁自律，关键还是看能否战胜自我。“心正则众邪不生。”某些官员走上贪腐不归路，说到底还是内心世界出了问题，导致世界观、人生观、价值观“三观”不正。“三观”是总开关，决定着出发点和奋斗目标、精神境界。当一个人在掌声里忘却初心、在利益前动摇意志、在行进中迷失方向，那么，即使第一步走对了，后面仍难免“出事”。源静则流清，本固则丰茂。干净的内心，实乃克制贪欲的根源。心灵不纯洁，如同水源受了污染，再怎么努力也只是“治标”而已。

走好第一步，走正每一步，需要为政者随时保持清醒的头脑、稳健的定力。不可否认，面对巨大的物质利益，平常人很难做到心静如水。就在心湖被物欲激荡起涟漪时，头脑发热、定力不足者，很有可能因一时冲动而破了曾经坚守着的清规戒律。“廉贪一念间，荣辱两重天。”这时候，一定得用大量的前车之鉴提醒自己：不义之财就是不定时的炸弹，哪一天被引爆，你根本无法控制；而最好的办法，莫过于远离它。人在政途，定然要面对各式挑战与诱惑，然而，头脑可以在迷幻中越练越清醒，定力可以在波涛中越铸越坚固。是不战而降，还是愈战愈勇，关键就看你如何做出选择。

走好第一步，走正每一步，既要靠个人勤“修炼”，也需要组织咬耳扯袖常提醒。当局者迷，旁观者清。作为个体，每个人都难免在生活、工作中遭遇困惑，面临十字路口的两难。组织的力量远超个人，对于干部身上的苗头性倾向性问题，组织应当及时察觉，对症下药。监督执纪“四种形态”的第一种形态（经常开展批评与自我批评、约谈函询，让“红红脸、出出汗”成为常态）因此显得特别重要。今后是否还会出现大面积塌方式的腐败现象，就看“第一种形态”是否用得及时用得到位。“咬耳扯袖”应该常态化制度化，对新入职公务员，有关部门应该给他们上好一堂深刻实在的“入门廉课”，让他们扎实走好“第一步”；此后，公务员每提拔重用一次，相应的廉课应当及时跟上，以提醒他们走正今后的“每一步”。

走好第一步，走正每一步，还需要经常对领导干部进行“体检”。林子大了，什么鸟都有；制度再健全，也难免有机可乘。再健康的肌体，难保某个时刻突然发生病变。“体检”是及时发现问题、尤其是发现重大问题的良方之一。加强日常监督、开展巡视巡察，就是“体检”的有效手段。尤其是巡视巡察，目标精准，检查透彻，各种病灶无不现形。事实证明，那些长期没有被巡视（巡察）的单位，是最容易出问题的，而且往往一查就是大问题。所以，开展经常的“体检”，对于保护领导干部的“健康”，效果非常明显，意义十分重大。

走好第一步、走正每一步，靠组织，也靠自己；靠制度，也靠自觉。实现这个目标，亲朋才会为你喝彩，人生才会真正精彩。

2017年6月16日之夜

勿为"浮云"遮望眼

又一个具有"明星"潜质的官员落马了。这一次，是曾任河南省卢氏县委书记、现任河南省三门峡市人大常委会秘书长的王战方。

王战方何许人也？因其行政级别不算高，大家也许一时间想不起他的大名。但是，说到"最美县委大院"，人们就应该不陌生了。是的，他就是那个在"最美县委大院"办公的县委书记，曾经对着电视镜头侃侃而谈"有钱还是要先尽着老百姓""盖了房子，我舒服了老百姓舒服吗"的县委书记。

据早前报道，卢氏县委在一处建于20世纪50年代的土坯房办公，院落低矮、房屋破败，墙上的泥皮片片脱落。2013年，经媒体宣传，王战方随着县委大院一起出名。而四年之后的今年8月，三门峡市纪委发布消息：王战方涉嫌严重违纪，接受组织审查。

这几年，随着执纪监督力度的加大，某些说一套、做一套的"明星"式官员，在党纪国法面前纷纷现出原形，人们因此将之称为"双面人"。这种官员的落马，已基本算不上什么新闻，人们似乎对此也多见不怪。不过，王战方这个案例形成的反差，还是让人感到，在执纪监督工作中，识破"浮云"看真相太重要了。

对于官员，听其言更要观其行。官场历来不缺"双面人"，他们台上一套、台下一套，人前一套、人后一套，说的比唱的还好听，表演的逼真程度不亚于舞台上的专业演员。比如，广西壮族自治区原主席成克杰曾动情地说："一想到广西还有700万贫困人口，睡都睡不着觉啊！"广东省委原常委、广州市委原书记万庆良曾誓言："我要带头表率，有没有按照中央、省委的要求来执行，有没有插手工程、土地项目、城市容积率等方面？有没有在选人用人上买官卖官、跑官要官？有没有利用自己的权力谋私利？这三个方面，请大家监督我，发现问题，立即检举。”卢子跃在任浙江省宁波市委副书记、市长时曾高调表示要“时时拉拉袖子提提醒，常常照照镜子治治病”，给人十分“清廉”的印象……可他们一旦“出事”，其被揭穿的真实面目却让人大跌眼镜。事实一再证明，口头标榜的一概无效，实际行动才经得起检验。所以，建议各级官员今后尽量别说漂亮话，还是把功夫下到实干上为好。忽悠群众，终究是没有出路的。

防止被“双面人”炮制的“浮云”欺骗，需要执纪监督机关时时紧盯“权力”，丝毫不能放松。信任不能代替监督，不管其人信誓旦旦说得再好听，只要他手上掌握了公权力，都不能脱离监督的视线。不受监督的权力必将导致腐败。掌握权力者，面临的诱惑自然不少，成为被“围猎”的对象亦在常理之中，要防止“好人变坏”，就必须加强监督。监督的关键所在，就是扎紧制度笼子，严格执纪执法。尤其是对于身处关键岗位者，要做到抓早抓小、抓常抓长，“八小时内外”一起抓；“调门”越高的，越要盯紧些，以防止政府的公信力毁在那些言行分裂者身上。

识破“双面人”的真实面目，还需要广借“慧眼”，发动群众共同监督。某些“明星”式官员之所以具有欺骗性，是因为善于“化妆”，习惯以虚假面目示人（尤其是对上级）。可是，一个人可以在一时一地欺骗一部分人，却无法永远欺骗所有的人。时间久了，再狡猾的狐狸也会露出尾巴。若要人不知，除非己莫为。只要群众广泛参与监督，这些伪装者的行径是很容易“见光死”的。

勿为“浮云”遮望眼。王战方的落马，还告诉人们，不要刻意拔高生活中的某些特殊情况，一厢情愿地把一些不合常理的现象想象得那么美好。就拿办公房来说，其实，社会发展到今天这个水平，作为县级政权，长期在土坯房办公，并非什么值得大书特书的光荣事，与“艰苦朴素”也未必能划等号。时代进步了，我们的整体经济条件已改善了许多，必要的办公条件还是可以有的。在这方面表现得太“另类”，反而有“采华名，兴伪事”之嫌。

2017年9月4日之夜

且防“平流无石处”

参加一个活动，偶遇长期担任单位“一把手”的M君。寒暄之后，此君突然颇有怨言地对我说：“现在你们纪委是不是做得有点过了？我们好歹也是一个市直单位，可是稍大一点的事，都要求向纪检组报告，他们不同意的话，我简直什么也办不成！”

M君的话语“背景”是，以前，他所在的单位没有纪检机构，大事小事自己看着办就行。后来，根据上级精神，市纪委派驻机构改革，以综合派驻的形式实现市直单位监督“全覆盖”，M君所在的单位也归口到一个纪检组监督了。以前“自己说了算”的M君，对于“三重一大”事项要征求纪检组意见的做法一时感到不适应。

听完抱怨，我对M君笑言：“现在和以前不一样了，你得习惯接受监督，而且这将是常态。更何况，这种监督，其实对你是一种极大的‘保护’。难道你忘了，同样是‘一把手’的H君，就因为他们单位长期封闭运行，缺乏监管，结果一被列入巡察就出大事了？纪检的日常监督，就像平时的‘体检’，起码不会让你猝不及防地倒下。”

提到H君，M君倒也无话可说了。H君所在的单位平时并不起眼，大家都认为出不了什么事。没想到，他正是在这种心态的驱使下，日积月累把若干小错铸成大错，以致回头无路……他的故事，的确有着不一样的教育意义。

话至此处，不禁想起晚唐诗人杜荀鹤的一首诗：“泾溪石险人兢慎，终岁不闻倾覆人；却是平流无石处，时时闻说有沉沦。”河道险要处，没听说翻船的；倒是“平流无石处”，翻船事故频发。生活中，为什么会出现“阴沟里翻船”的现象？不就是因为有的人麻痹大意、自我感觉良好、缺乏警醒意识嘛！

现在，行船被行车取代，道理却没改变。说来也巧，前不久下乡，便有此经历。在一个边远山区县，汽车行进在宽阔平坦的公路上，窗外风景如画，空气清新，一车人谈笑风生，心情愉悦。突然，司机一个紧急刹车，把大家吓了一跳。原来，公路到了两省交界处，没想到，前面的路一下子小了一半多，若非刹车还算及时，汽车就要随着惯性冲出路面了。要是此前刚走过的路有点小障碍或路况稍差些，司机再怎么样也不敢放手开那么快呀。

可见，这“平流无石处”往往隐藏着不易发现的风险。人生如旅途，的确应当处处小心谨慎，时时“居安思危”。

回到官员与监督这个话题。前些年，不少地方出现了大面积塌方式的腐败现象，其主要原因，就是监督的长期缺位，让某些官员忘乎所以，以为这种为所欲为的“好日子”将一直持续下去。直到这几年刮起反腐风暴，铁拳清理腐败“存量”，还有些官员依然头脑混沌，以为反腐只是“意思意思”而已，过了这个风头一切还将照旧；对于自己的某些行为，不仅没认识到问题所在，还振振有词地认为掌了一场权，多吃多占是“惯例”，幻想“法不责众”。这种麻木，就是因为此前没有亲自吃过“亏”，没有亲自摔过跟头，所以脑里长不了教训。对这种人来说，一旦事发，事情已经大到不可收拾，虽追悔莫及，然为时已晚。有些落马官员因此感叹：要是组织早日管严些、盯紧些，我也不至于走到今天这一步！这是大实话。前车之覆，后车之鉴，多看看这类“忏悔录”，对后来者还是大有益处的。

当前，被人盯着的关键岗位、重要时段，人们一般更有敬畏意识；而更多的普通岗位、寻常时间，人们则容易放松警惕。所以，且防“平流无石处”，对从政为官者来说尤为重要。人在仕途，务必时刻保持清醒头脑，常怀敬畏之心，如履薄冰，如临深渊，小心使用手中权力。要谨记正风肃纪必将持之以恒，反腐败必将“永远在路上”，权力监督之网必将越织越密，此乃社会发展之大势。面对各式诱惑，多想想“前车之鉴”；面对所取得的成绩，多用历史眼光来衡量。心头时有“利剑高悬”，时有“急流险滩”，时有“清规戒律”，不管外部环境如何，摒弃侥幸心理，坚持慎独慎微，时刻绷紧法纪之弦，始终不越雷池半步，不做温水里的青蛙。另一方面，要经常听听旁人的提醒，诚心接受各方的监督，及时发现潜伏的问题。如此，则道上有石无石皆无妨一路平安。

2017年11月28日之夜

行走乡村话“振兴”

2017年的天气很热，烈日炎炎的时间一直延续到秋末。偏偏，在这样的高温年份，我频频行走于乡村：今年，我的大多数休息日都在下乡，到12月上旬，终于走遍了全市284个建制乡镇（包括今年挂牌的龙南县九连山镇）。赣南地方大，乡镇多，以前，许多乡镇的名字都很陌生，听过就忘；现在，这些名字不仅都熟悉，而且，能在地图上较准确地指出其方位，说出它们的大致特点。纸上得来终觉浅，亲身走过了，效果就是不一样。

尽管来自农村，“根”在农村，但有些年，因为忙于生计等原因，对乡村渐渐少了关注，甚至有了些许隔阂。直到有一年，重返当年种过田的小村庄，看到残垣断壁处杂树丛生，村里竟然再无一人居住，连曾经清澈如镜的水井也彻底干枯了，心里不禁为之一震。先前的农村，留给我们的尽管有劳累与辛酸，但更多的还是温馨与祥和。我们农村里出来的人，潜意识里还是习惯把那个出发的地方当作“家”的。而现在，我们的城市化运动，居然将乡村消解成这个样子。那一刻，站在早已倒塌的老房子前，我突然感到心里空荡荡的。

此后，更感受到，盲目的城市扩张，其实导致了太多问题。大量的村庄在消失，大量的田地在荒芜。而另一方面，人们依托所谓的科技，让另一些土地在超负荷地承载。从国家安全、社会安全、生态安全等角度来说，我认为，人口全涌进城里高度聚居是不现实的，城乡人口比例应当科学合理。乡村不该就此消亡，大地不能只剩下城市。我对农村因此有了更多的兴趣，有机会就往乡下跑，越偏僻的地方越要去看。行走乡间，绝不仅是为了怀旧。我和朋友们多次聊过，在建设城市的同时，我们还应致力于“农村复兴”。农村也繁荣兴旺了，社会才算真正和谐。

虽然很多农村的房子建得比以前漂亮多了，人们的生活条件也好多了，但这并不能改变另一些乡村的凋敝现状。必须承认，在广大山区，许多村庄孤寂萧条、缺乏人气，与此相呼应的是资源浪费，包括房屋闲置、土地撂荒等。即使是居住在山村的人，也有可能不种地。我在一个偏僻如世外桃源的小山村惊讶地看到一幕：一辆小货车停在村里，弄个喇叭叫“卖卖卖，卖萝卜青菜”——如果是卖其他商品就正常了，怎么在这样的地方还卖青菜？可村里人的确在那里买。乡村如果连正常生长的农产品都不产了，这样下去，它将走向何方？

今年10月，中国共产党十九大报告提出了“实施乡村振兴战略”，并且写进了新修订的党章。这行文字让我感到眼前一亮，精神振奋。此前我的表述或许不那么准确，但意思是那个意思。现在，这个问题成为国家战略，那就不仅仅是个话题，而将成为今后一个时期的重要工作了，其意义非凡，广大乡村或将迎来重大机遇。

乡村振兴，不能只是一个口号。实现这个目标，得先从了解乡村开始。我们的一些政策，之所以在实际操作当中并不是那么顺畅，就是因为决策者脱离了现实，草率拍板，以致反复折腾。这个教训，在乡村振兴战略中不该重现。真正深入乡村、充分认识乡村，应该成为相关人员的必修课。

乡村并非千村一面。每个地方有不同的特点。如果你不了解它们，想当然地弄出些应对措施来，或许适得其反。我这样说，并非信口开河。事实上，很多干部，对自己脚下这块土地缺乏应有的了解，说不出个所以然。我看过一些地情资料，简直错漏百出，基本情况都没搞准。连自己的“家底”都不清楚，还能拿出什么管用的实招？所以，走出办公室，到基层一线去，对干部来说实乃最起码的要求。

乡村振兴，核心是解决人的问题。农村需要想办法留住人。这就需要在基础设施建设方面加大投入，大力完善路、电、水、网络、学校、医院等公共设施，让乡村和城里一样享受高质量的交通、信息、教育、医卫等服务。生活方便了，人们才肯放心住下来，人气才能真正旺起来。

同时，要通过打造特色、优势产业，让留下来的人过得好。基础设施到位的村庄，发展产业大有可为。当然，产业发展必须与生态保护并重。对大多数地方来说，还可以大力发展乡村旅游，让流动人员增加乡村人气，增强乡村活力。我看过很多农村都非常有特色，做乡村旅游的潜力很大。尤其是一些集中连片的古旧民居，其实是一笔不可复制的财富，不利用起来实在可惜。

在精神层面，要形成积极的乡土文化。目前大家都往城里挤，导致乡村文化严重不自信，很多人认为不在城里买个房就没面子，不管实际是否需要。任由从众心理驱使，将无人敢坚守在农村。乡村需要注入活力。窃以为，如果国家能够适当出台政策鼓励退休人员“告老还乡”，给一个宅基地、一块自留地，那定然有很多人愿意回到故土发挥余热，享受田园生活。这些高素质的群体，可以形成新的乡绅阶层，提升乡土文化的品位，鼓励更多的人留下来创业。

乡村是个博大的话题。乡村有着丰富的内涵，乡村有着城市不可替代的作用，乡村有着与城市互补的独特美丽。走进乡村，亲近乡村，思考乡村，我还将不松劲、不停步、再出发。

2017年12月12日之夜

水务局何时“不逼供”？

水务局“不逼供”？这看似无厘头，却并非天方夜谭；它虽然不是既成事实，却千真万确地出现在严肃的官方材料中。

事情发生在海南省白沙黎族自治县。该县在对县水务局进行政治巡察时，发现其2016年度的党风廉政建设责任状不仅开头时间表述为2015年，而且包含“不逼供、诱供”等让人莫名惊诧的内容。为此，白沙县纪委监委专门对该局的形式主义、官僚主义典型问题进行通报。

的确够典型了。但这并非个案。类似的报道，这些年在媒体并不少见。从“开封指导漯河”（河南开封市消防支队与河南漯河市消防支队的宣传稿件如出一辙，甚至出现“构建和谐平安漯河”字眼）到“邯郸学步青岛”（当地报纸刊登的《打造邯郸“首善之区”》文章，实为邯郸丛台区抄袭青岛市南区），从“郑州变宝鸡”（郑州的一个创建文明城市宣传栏，上面赫然写着“人文宝鸡，活力宝鸡，和谐宝鸡”）到“神木爱长沙”（陕西神木县一处落款为神木县委宣传部、神木县文明办的户外宣传标语，第一句话竟然是“爱国爱家，爱我长沙”），五花八门，不一而足。如果说个人署名文章抄袭尚能引起公愤，那么，工作文稿领域的“拿来主义”，或许已近乎让人麻木了。

自打进入网络社会，文字工作一下子似乎轻松了不少，只因为“借鉴”越来越容易。在工作类的微信群、QQ群，不时看到“跪求某某文本”之类的求援。对公文写手们来说，网络简直是无所不能的，需要的东西应有尽有。要写材料先上网，相信这已是许多文稿工作人员的习惯做法。有时候我就想，如果关闭网络，不知某些在单位颇负盛名的“秀才”们还能不能独立写成一篇完整的文章？在我看来，这种过于依赖网络资料的做法，不过是“文字搬运工”的行径而已，不足道也。

让某些“笔杆子”们遗憾的是，不劳而获的事，迟早是要露馅的。网络时代，“拿来”容易，穿帮也快。上述案例的曝光，多数不是同样因为网络的力量吗？事物总是一分为二的，确然。

当然，换在以前，穿帮的只是公开发表的文稿，而那些数量更多的内部使用或仅用于存档备查的文案，则几乎无人关注，即使偶尔露出马脚，人们也只是一笑了之，后果严重不到哪里去。也正是因为如此，偷懒的人继续偷懒，偷文的人照偷不误，各类奇葩新闻层出不穷，为丰富多彩的生活平添若干生动素材。

现在，这种做法估计很难玩下去了。从有关报道来看，这种张冠李戴的公文类不正之风，已成为检查的关注点之一。6月6日，《中国纪检监察报》便有这样的报道：江西省德安县人社局在出台《德安县人力资源和社会保障系统精准扶贫行动实施方案》时，因为照搬照抄上级文件，影响扶贫工作成效，引起了九江市委巡察组的注意，相关责任人因此受到处分。而在今年新修订的《中国共产党纪律处分条例》中，已明确工作中的形式主义、官僚主义行为属于违纪行为。这是一个强有力的信号，做虚假文章也是有风险的！

我们一向提倡实事求是，文稿工作也当遵循这个原则。文风也是作风的组成部分。文风实，作风才可能实。文案尚能造假，工作还有几分真？对公文抄袭说“不”，这是必须的，它不仅可以整治在文稿上弄虚作假的歪风，还可以进一步强化工作责任心，提醒人们时时处处“老实”为上。查文风，正作风，以小带大，但愿能从痛处触动某些人，由此产生良好的连锁反应。

另一方面，虚假文案如此之多，还需要反思的是，平时的文山会海是不是没有治理到位，致使有关工作人员因案牍而劳形，为了某些“虚功”而疲于应付，根本无暇思考？治理“假材料”的同时，如果能够从这个角度出发，既严肃纪律，同时找到“病根”，从根本上解决问题，摒弃一切华而不实的形式主义，为干部“减负”，那么，“水务局不逼供”之类的笑话，就可以真正淡出人们的视线了。

2018年9月4日之夜

岂因“进退”而沉沦

黑龙江省甘南县公安局原政委王敬东曾经是全市比较年轻的处级领导干部。他的人生“拐点”发生在2009年。这一年，全市公安系统领导干部进行大面积调整，王敬东自认为在县区公安系统中资格比较老，工作能力和业绩也不错，应该很有希望提拔。没想到的是，他被从拜泉县公安局政委岗位调任到甘南县公安局政委岗位工作。需要注意的是，前者是大县，后者是小县。

王敬东从此意志消沉，一蹶不振。他已然认定，就算工作再优秀再出色，也不及一张大额银行卡，更不及有个好靠山或者“能人”的一句话。

后面的事，不用多说了，和大量的贪官故事差不多：因为对金钱的不当追求，又倒下了一个曾经年轻有为、意气风发的干部。（详见11月14日7版《中国纪检监察报》通讯《一次正常的职务调整后，他慢慢沉沦》）

这个案例，看前面几段，我们或许还可以给当事人几分同情；可是，后来他因为看不破“进退”，自甘沉沦，做出一件件令人不齿的事情，那就无法原谅了，只能绳之于纪法。

因为仕途在某个阶段受到影响而心理失衡，就把“兴趣点”转移到贪腐，放手捞钱去，这样的案例并不少见。河北省大名县原县委书记边飞，自认为工作成绩很好，应该更上层楼，可两度未能如愿，心有不甘，大肆敛财，最终贪腐金额达上亿元。重庆市潼南区政府原党组成员、副区长袁国圣，对职务安排心怀不满，认为“援藏三年苦算白吃了”，于是打起“小算盘”，大量收受贿赂。最近，本地一名干部落马后忏悔时则提到，他所在的单位因为机构升格，原以为“水涨船高”，自己也将上个台阶，没想到“水涨了”，自己这艘船却反而“搁浅”了，内心很失落，所以更加想方设法利用职权在经济上“弥补”。出现这类现象，当然应该引起用人单位的反思，但主要的问题，还是出在当事人自身。

职场“进退留转”本为寻常事。谁能确保一辈子一帆风顺，节节高升？升迁快，也许和能力有关，但也可能是你碰上了好机遇；升迁慢，也许和外部环境有关，但自身素质也可能是原因。所以，职务上得快，除了感恩，不妨庆幸自己“运气好”；职务没动静，权当自己“修炼”不够，根本无须怨天尤人，发完几句牢骚后，何必放在心上，该干吗继续干吗去。但要记住一句话：不管“进”或“退”，都不是堕落、沉沦的借口。

仕途受挫就改变人生态度，乃至采取偏激措施，从一头滑向另一头，这是一种“迁怒”心理，和那些蓄意报复社会的恶性事件没有本质区别。自己陷入困境，不能正确对待，却把仇恨转向无辜群众（如持刀砍幼儿，纵火烧公交之类），对这种丧失做人底线的事，随时当警醒。身在职场的人们，一旦发现自己的内心出现这种“迁怒”的苗头，就要想到，如果不及时遏制，自己或将和那些以残忍手段报复社会的极端分子无异，继续往前走，可能是悬崖深渊，这可真不是小事！

苏辙说：“君子之仕，不以高下易其心。”为官尤需平常心，不应过多受外物影响。“源洁则流清，形端则影直。”守住内心，增强定力，抵制诱惑，这事至关重要。一个人不管从事什么职业，担任什么职务，都应该有自己的坚守，有相应的敬畏，常常想着高山景行，时时记得法纪高悬。即使身处逆境，也当把目光放长远，不为浮云所惑，以一份冷静、淡定、从容展望明天。

2018年11月19日之夜

“船到码头”当慎终

官场曾有“59岁现象”的说法。到了59岁，退休指日可待，职位没什么上升空间了，有些人认为“有权不用，过时作废”，因此私欲膨胀，调整人生航向，把心思用在为自己大搞“经济建设”上面去。自然，最后的结果还是逃不脱“伸手必被捉”的铁律，大捞一把安度晚年的梦幻无情破灭了，在监狱里苦度余生倒成了凄惨的现实。

抱有这种侥幸心理的人，以前固然不少见，在反腐力度偌大的今天，依然不乏其人。

中央纪委国家监委网站日前报道了宁波市人大常委会原副主任、市总工会原主席苏利冕的贪腐“事迹”。其中提到，苏利冕认为“船到码头”了，干脆彻底放松自我要求，毫无顾忌践踏法纪。然后呢，当然是悲剧了——62周岁生日那天，苏利冕站在法庭的被告席上接受审判。（详见《从励志奋斗到痴迷享乐——宁波市人大常委会原副主任、市总工会原主席苏利冕违纪违法案剖析》，中央纪委国家监委网站2018年11月27日发布）

“掰着手指算算，船到码头车到站了，人生轨迹、政治前途很清楚了，更应该抓住时间潇洒人生，该享乐就享乐，该吃喝就吃喝，何必较真。”苏利冕这句话，听着很是耳熟——对了，最近本市某系统查处的两名处级干部，都不约而同地说出了这层意思。看来，贪官所见略同，反腐机构当认真对待他们吐露的“心声”，从中寻找相应的对策。

从苏利冕的情况来看，他倒并非临近“码头”才突然有了贪腐的想法，其实，此前他已经中了腐败的毒，只是看到“码头”在前时，毒气攻心，病症加剧而已。这种人出事，并不意外，也不值得同情。

真正令人惋惜的，是那些前期坚守得很好，到了临近退休时才精神懈怠，思想放松，一时糊涂碰触纪法“高压线”的人。因为某种偶然因素而导致心理失衡、改变立场，终于“晚节不保”，这样的案例古往今来就没断过。“一失足成千古恨”，一世清名毁于一旦，那真是追悔莫及，让人唏嘘。

在法纪面前，来不得丝毫侥幸。若要人不知，除非己莫为。收了人家的好处，总会留下痕迹的，今天不出事，难保明天不出事；江东不出事，难保河西不出事；你这里不出事，难保对方不出事。有众多串案窝案为证：这种事，总是环环相扣的，只要某个链子出问题，一条线上的人都跑不了。一个人岂能连这点清醒都没有，连这点简单的道理都不懂？

身上有“事”，迟早要出事。苏利冕之流，是船到“码头”前就束手就擒的，还有一些人，则是一时漏网，暂时上岸了，可是也别高兴得太早，退休后东窗事发，照样无处可逃。君不见，这些年，查了多少退休数年的贪官，各种级别的应有尽有。天网恢恢，收网的时候，退休了也跑不了。这更当警醒官员们：搞贪腐，风险实在太大，为了这点“身外物”而扰得内心惶惶不安，吃不好睡不着，实在不值，千万干不得！

话是这么说，同时也要看到，对普通人来说，要真正做到随时清醒，也着实有点不容易，老虎还有打盹的时候呢。警钟常鸣、长鸣，也许是最有效的办法。对于手握公权力的人来说，思想防线必须时时守紧，否则，稍有不慎，便被人乘虚而入，一举拿下，在不法利益面前成为俘虏。尤其是长期在“实权”岗位的，更当时时提醒自己不可麻痹大意，务必如履薄冰坚持到最后一班岗。

慎终如始，则无败事。“船到码头”之际，尤其要绷紧安全之弦，谨防“功亏一篑”的遗憾。做到善始善终，关键还是在自己。说起来并不复杂，始终克制不当欲望，时时保持对法纪的敬畏，特别是在经济上做到“对上不送，对下不收”，把握这么几条，自然就可以实现“平安上岸”的目标了。

2018年11月30日之夜

“穷怕了”可怕吗？

读落马官员的忏悔录，经常看到他们剖析自己走上贪腐道路的原因时，提到年轻时“穷怕了”的经历。因为当年太贫穷，导致在物质生活方面常常没有安全感，对财富有了一种特别的欲望，于是，一旦有条件，就不愿意放过任何机会……

对于大多数20世纪70年代以前出生的人来说，“贫穷”并不是陌生的词汇，那是一种实实在在甚至刻骨铭心的经历。也有些人，即使是在社会财富暴增的今天，贫穷留下的阴影也未必消弭干净，想起先前的苦日子，或多或少还有些“后怕”心理。

那么，“穷怕了”到底有多可怕？“穷怕了”的人面对财富，是不是只有贪婪攫取这一种选择？那些青少年时期过得特别贫穷的人，是否就因此不宜掌握公权力尤其是管理人财物？

当然未必。因为，即使真的“穷怕了”，也还有着多种选择。

穷怕了，可以选择节俭。从物资匮乏的年代走来，很多人对财富难免有一种杞人忧天式的顾虑，这是很正常的。天有不测风云，对于寻常人家而言，不管什么时候，物质保障当然难以高枕无忧。所以，经历了贫穷的人，往往更知道财富的来之不易，更懂得珍惜拥有的资财。于是，在生活中，我们不难看到，很多收入条件不错的家庭（甚至一些富豪人家），虽然衣食无忧，却依然精打细算，俭朴节约。这当然是一种良好习惯，不仅从理财的角度来说很有积极意义，就是从环保的角度来说，也应当大力提倡。控制浪费，从节约一张纸、一支笔芯、一只塑料袋等小处着手，让生活简约有序，这应当成为一种风尚。普通人家更当如此，量入为出，理性消费。像这般以俭朴为防线，在当今生活条件下，又何惧一个“穷”字？

穷怕了，可以选择坚守。苏轼《前赤壁赋》有“金句”说：“且夫天地之间，物各有主。苟非吾之所有，虽一毫而莫取。”君子固穷，即使爱财，也当取之有道。对待财物，当有底线，有原则，有气节。颜回甘居陋巷而不改其志，齐国无名氏宁肯饿死也不吃“嗟来之食”。这就是志士对“物”的硬朗态度。并不是说一定要和钱财过不去，而是在钱财面前，还有更重要的东西不可丢弃。处于清贫境地而坚持操守，并不是先贤们的专利，对芸芸众生来说，在物欲面前，同样可以活出自己的风骨，起码可以不让自己为失去尊严而后悔。当然，这是需要相当的精神修养作支撑的。

穷怕了，也可以选择吝啬。生活中不乏这样的人，节省得过头了，变成了“守财奴”。他们从贫困中来，在生活出现转机之后，仍然过于看重身外之物，结果一头扎进去没能出来，忘了人生的真谛是什么，忘了钱财要为人所用才有价值，从积累财富变成了被财富所役。这种人，不但不肯参与公益活动，不愿意资助他人，连自己的正常消费需求也要紧紧地扼制。作为一种生活方式，这固然是不足取的，但从道义的角度来说，这种行为方式不伤及他人，只要能够守住底线，也就无需过多地苛求。

穷怕了，当然也可能让人选择贪腐。因为穷，对财富过度渴求，于是，只要手上有那么一点点权力，便不择手段，疯狂敛财。很多贪官的确是这样做的。他们的心理已经被曾经的贫困扭曲了，甚至变态到以关起门来数钱为乐，以每天晚上登录账户查看数字的增长为荣。在他们看来，这是弥补过去的最好方式、必然选择。然而，他们忘了，“穷怕了”还有别的选择，“穷怕了”不是贪腐的理由。他们的贪婪心理，表面上看是因为“穷怕了”，深层次的原因，其实是内心不正，骨子里一直就潜伏着可怕的贪欲。“豺狼死而犹饿兮，牛腹尸而不盈。”贪婪成性的人，什么时候也不会满足的。就看那些贪官吧，东窗事发之时，他们早已超越普通群众的生活水平，跻身“富人”行列，可若非东窗事发，他们什么时候考虑过“收手”这个问题?

所以，“穷怕了”并不可怕，别把“穷怕了”当成贪腐的借口，更别让“穷怕了”成为出身寒门的官员的心理负担。即使是在财富无法增加的情况下，“穷怕了”也无须和乱伸手挂上钩。远离贪欲，拒绝贪腐，关键还是守护纯洁的内心，以正确的财富观来淡然面对这些现实问题，算清楚攫取不义之财的成本与代价，从而做出明智的选择。诚如欧阳修所言：“处身者，不为外物眩晃而动，则其心静，心静则智识明。”

2019年3月17日之夜

着手解决内心的问题

《中国纪检监察报》4月24日刊发的《藏不住的“鹅把戏”》一文，说了一个基层干部的贪腐事：江苏省宜兴市屺亭街道畜牧兽医站原站长薛战伟因涉嫌贪污罪、受贿罪、滥用职权罪，受到开除党籍、开除公职处分，并移送司法机关依法处理。经宜兴市人民法院一审查明，2016年至2018年期间，薛战伟利用职务上的便利，伙同他人以欺骗手段共同侵吞政府补偿款44.853万元，非法收受他人现金合计225.8万元，依法判处其有期徒刑12年。

一个谈不上什么级别的街道畜牧兽医站站长，把手中仅有的那点权力用到极致，令人咋舌；而更发人深思的是文中提到的一个细节：当薛战伟贪欲的藤蔓肆意疯长时，他妻子经常提醒他，要遵纪守法，不能拿不该拿的东西。一次，妻子无意中发现了家里房间飘窗下藏着的30万元现金。在妻子严厉的质问下，薛战伟讲出了部分实情。妻子气得抡起一巴掌，狠狠打在他的脸上，并大喊：“你去把钱退给人家，把问题跟单位讲清楚！”薛战伟虽然满口答应，实际却根本不收手，甚至变本加厉。

读到这里，不禁想起关于廉政教育的某些事。有一段时间，一些地方热衷于搞“廉内助”评选、“贤内助”培训班之类的活动，对官员们的配偶寄予殷切期望，巴不得他们成为反腐倡廉的生力军。不可否认，由官员的家属、亲友、同事等群体构成的“周边环境”，对官员本人的内心世界的确可以产生一定的影响，所谓“近朱者赤，近墨者黑”。但同时我们也要清醒地认识到，手握公权力的官员毕竟是个特殊群体，他既有可能受“周边环境”的影响，也有可能成为“周边环境”的影响者。如果其内心正，那便既能吸收正能量，还将释放正能量；如果其内心不正，则不仅排斥正能量，甚至以其影响力带坏了别人，破坏了一方政治生态。

在这种情况下，指望“廉内助”从家庭角度管住官员，实在是勉为其难，近乎理想主义。薛战伟的妻子算是相当深明大义了，面对丈夫的不法行为，尚能狠狠地抡起一巴掌（但也未见效果）；更多的“内助”们，只怕在强势的“官人”面前，根本就说不上话甚至不敢说话。更何况，一般情况下，只要贪官们有心掩饰，家人又岂能轻易发现他们的贪腐行径？

妻子一个耳光打不醒贪官，再次说明廉政教育的不容易，仅仅指望某一方面的力量是不现实的。这么多年来，各级组织对廉政教育时时抓，处处讲，功夫并没少下，但如果停留在表面上，试图简单依赖外力的影响达到教育目的，那是远远不够的。笔者认为，廉政教育要真正起作用，必须切实解决好当事人内心的问题，从心底唤醒他们。

着手解决内心的问题，当然不是喊口号、学文件、表决心就可以实现的，这是一个长期的过程，艰巨的任务，不可能一蹴而就、立竿见影。做好这件事，需要脚踏实地，实事求是，分层次、按步骤，循序渐进，久久为功。

首先，得让贪念萌动的人产生敬畏感。像薛战伟这样不择手段疯狂敛财的人，往往对纪法毫无敬畏之心。他们一方面心存侥幸，为每一次得手沾沾自喜；另一方面从没考虑过后果，不知“害怕”为何物。对这种“不见棺材不掉泪”的人来说，普通的说教基本是不见效的。他们只有真正吃了苦头，遭遇切肤之痛，才会痛哭流涕，后悔不迭。加大查处力度，以活生生的案例形成震慑，对他们是最好的警醒。更重要的是，必须通过有效途径，在公权力领域全覆盖传递这种震慑，以儆效尤，让相关人员引以为戒，牢记“手莫伸，伸手必被捉”，知晓“被捉”之后将付出怎样的代价。懂得了“怕”，动贪念者当思量退缩。

其次，要使手握公权者形成廉耻心。脸皮比金钱珍贵，尊严比财富重要，这是普通人都应该懂得的道理。可是，某些官员偏偏被贪欲迷了心窍，寡廉鲜耻，要钱不要脸。不知耻者，无所不为。然而，不择手段攫取不义之财，终究要让世人唾骂，不仅自己丢人，还让家人乃至后人蒙羞。清代张伯行说：“一丝一粒，我之名节……取一文，我为人不值一文。”此“一文”与彼“一文”，孰轻孰重，这样的账岂能不算清楚？明白了“羞”，想伸手者当有所收敛。

在此基础上，须引导公职人员树立高追求，以自觉意识迈向“不想腐”的境界。一个人不管地位高低、财富多寡，只要“三观”不出问题，清清白白就不是问题。“不想腐”并非乌托邦式的理想，古往今来，这样的仁人志士并不少见：高度自律的“四知先生”杨震，不占公家一文钱便宜的海瑞，不留钱给子孙的林则徐，等等，他们都是真实的存在。这些先贤们有力地证明了“不想腐”离人们并不遥远，他们的财富观、价值观，给后人永恒的启迪。见贤思齐，在当今物质条件下，只要正常劳动，生存不是个问题，生活不至于艰难，还需要一门心思走邪路步深渊吗？人生的意义在于奋斗，人生的价值在于奉献。与其蝇营狗苟，何如堂堂正正，在世上留下一个好名声，为后人留下一个好形象？领悟了“正”，有理想者志向自明。

2019年5月5日之夜

谨防虚荣心催生贪欲

虚荣当然不是好东西。但说到虚荣心，普通人都难免会有那么一点。对寻常百姓倒也罢了，虚荣心多半也就是让自己盲目攀比，打肿脸来充胖子，结果为了面子，饿了肚子；对于手握公权力的官员来说，虚荣心造成的后果可能就不一般了：也许，它将成为贪欲的催化剂，让人由此走向堕落，毁了终生。

且看发生在浙江省金华市婺城区原区委副书记、区长郭慧强身上的故事。和许多领导干部一样，郭慧强曾经是家里的骄傲，业务的标兵，“从来没有因身居陋室、衣着朴素而感到羞耻，从来没有为钱多钱少发愁”。然而，因为一套房子，情况后来发生了巨大的变化。

刚当上东阳市委常委、常务副市长时，郭慧强还住在一处不起眼的房子里。这时，登门拜访的人多了，几乎所有来过他家的人都会说上一句：“市长，你住得都不如一个科长，该换房了。”因为这句话，郭慧强心里起波澜了，心态渐渐失衡，“越来越觉得住在老宅和自己的职位严重不匹配”——于是，他换房了，换了一套600多平方米的排屋。

这事意味着什么，相信无需赘言，大家也能猜到它的结局。（相关报道见5月8日《中国纪检监察报》7版）

看看，虚荣心对一名领导干部来说，可能导致怎样的危害。像郭慧强这般由虚荣心而催生贪欲的案例，可谓并不鲜见。很多干部走上歧路，正是虚荣心作怪，乱了自己的内心，以致最终守不住底线，偏离了正道。防微杜渐，警惕虚荣心，也是公职人员确保履职安全的功课之一。

虚荣心往往在一个人的内心悄然萌芽，伴随着外力的作用逐渐壮大。人都是要面子的，不然这社会就要乱套，所以“要面子”本身并非坏事；但

“要面子”也是有原则的，否则就会被虚荣心绑架着走。有那么一点虚荣心并不可怕，可怕的是虚荣心正推着你迈向悬崖而不自知。所以，为官者尤其需要克制虚荣心，让自己随时保持清醒。

克制虚荣心，需要保持一颗平常心，坚决不搞攀比。“人比人，气死人。”天下本无事，很多事都是攀比惹出来的。住房要比大小，开车要比高下，穿衣戴帽要比品牌。这样一来，一个人哪能沉得住气？不成天陷入烦恼才怪。其实，十个手指尚有长短，人与人之间在生活上有差距不是再正常不过的事吗？尺有所短，寸有所长，每个人在世上都自有其一席之地，为什么非要拿别人的强项来气煞自己？正视生活上的差距，适当来点“他人骑大马，我独跨驴子；回顾担柴汉，心下较些子”的满足心理，未尝不是好事。

克制虚荣心，需要正确看待“身外物”，无须斤斤计较一时得失。可以和人家比一比如何把事情做得更好，不必和人家比怎样把日子过得奢华。饭菜对自己的胃口就好，衣服穿着舒适就行。家里陈设简单了点？你把门一关，和别人有什么关系？物质上的事，自己觉得过得去就行了，何必把别人放进自己的生活坐标？更何况，社会发展瞬息万变，随着时间的推移，物质上的奢华终究要成为过眼云烟，为之痴狂、为之冒险，意义实在不大。比如说吧，30年前，你看到别人有个传呼机，羡慕得要死，可当时你哪想到不需要多少年大家都可以轻松用上手机，那个象征身份的传呼机瞬间躲进了历史的角落？如果你当年为了一只传呼机而“衣带渐宽”，举债负累，是不是太不值得？又比如，行走乡间，时常看到荒草中湮没着一些豪宅大屋的残垣断壁，后人有谁知道他们当年的兴盛？做大做强不如做长，没有文化的支撑，昙花一现的物质豪华在历史长河不值一哂。

对于个人来说，克制虚荣心，最需要的还是确立自己的价值观，不为外界所干扰。一个人要想在精神世界立于不败之地，就必须有“自我”，这样才不会轻易被别人推着走，受外力的影响随意更改自己的立场，最终在浩浩荡荡的时代洪流中迷失了自我。固穷，守志，追求独立人格，具备这些品格，你的精神世界才不会让“虚荣”乘虚而入。

当然，有效防止虚荣心滋长，还需要全社会形成崇实务本、抵制奢靡的良好风尚。公众人物尤其要带好头，同时还要拜托各种媒体别把那些浅薄的土豪们无聊炫富的事当作要闻津津乐道。社会大环境健康向上，个体的内心世界就更不容易出问题。

诱发贪欲的因素有多种，虚荣只是其中之一。防守了虚荣心，至少可以让内心多一分安全。

2019年5月15日之夜

警惕“甘言”

官场历来不乏喜欢吹捧的人。当下属时，以吹捧领导为能事；做领导时，以享受吹捧为乐事。吹捧之风盛行时，看似上下同欲，皆大欢喜，其实对领导者而言，吹捧之中隐藏的风险不容小觑。

云南省有色地质局原党委书记、局长郭远生，就很不幸地受了吹捧之害。今年1月，郭远生因严重违纪违法被“双开”，其涉嫌犯罪问题被移送检察机关依法审查起诉。5月22日《中国纪检监察报》7版刊发的相关剖析报道，专门提到郭远生“在吹捧声中迷失自我”。回顾自己的心路历程，郭远生如是说：“周边人对自己的评价高了，说好听话的人也多了，自己渐渐地也觉得确实付出了很多，组织给的各种荣誉是实至名归，‘名’的欲望抬头了，‘名’的后面紧跟着就是‘利’。”

被“说好听话的人”包围的领导干部，何止一个郭远生？看看那些落马的官员，有几个在位时不是走到哪里都是鲜花与掌声？有几个平时听得进诤诤之言，朋友圈里有谔谔之士？吹捧可以让一个人铸成大错，可以将一个人推向悬崖，当事人的反省，当使旁观者警醒。

奉承话，即“甘言”也。“甘言”之害，历代贤哲早有论述。太史公在《史记·商君列传》引古人言：“貌言华也，至言实也，苦言药也，甘言疾也。”大意是，虚浮不实的话如同花朵，深切中肯的话才是果实；让人难受的规劝是治病的良药，甜言蜜语则是害人的疾病。比喻通俗恰当，该如何选择，无须多言。唐代名相张九龄也说过：“谗媚之言甘，贤良之言直。甘则易悦，直则难入。”好话听着开心，直言总是难以接受，现实多半如此，张九龄先生说的可是大实话啊。

“甘言”既然中听不中用甚至有毒有害，为政者便当对它保持应有的警惕，多想想其后果，别让自己“爱戴高帽，自受圈套”。

“甘言”容易让人心大胆壮，为所欲为。下属与旁人无原则地吹捧，使很多官员内心膨胀，胆大包天，把对纪法应有的敬畏之心抛于九霄云外。对这种自我感觉好得一塌糊涂的人来说，只有他想不到的事，没有他不敢做的事。他并非不明纪不懂法，只不过在他看来，“我是头儿我怕谁”，自己大权在握，谁都不能拿他怎么样。前些年见过某个落马官员，人称“×大胆”，纪律法律随意践踏，多少钱都敢随意花，什么人都敢胡乱用，从来没考虑过后果。及至身陷囹圄，方醒悟过来：法网恢恢，疏而不漏，原来自己的头并没有比孙悟空还硬。这就是其少年得志，长期被人“捧”坏了的结果，在台时真以为自己本事通天，忘了权力是谁给的。

“甘言”容易让人迷失自我，独断专行。很多落马的“一把手”，都被人称为“一霸手”。他们“霸”到什么程度？完全搞“家长制”“一言堂”，听不进任何意见，不给班子成员（更别说其他下属了）任何说话的机会。如果说前一类人是不怕纪法，这一类人则是不知纪法。“集体决策”在这类官员手上完全被废除，别人在他面前只有唯唯诺诺的份。被人迎合惯了，一个人不自高自大才怪。他们总以为自己所做的一切都是对的，都是别人应该参照的标杆。在工作中，功劳都是自己的，过错都是别人的，自己获得的一切都是理所当然。这样的人不出事则已，一出事必定是大事。

“甘言”容易让人故步自封，不思进取。长期被奉承话包围，一个人看不到自己的不足，以为自己果然十全十美，天下第一。不知自己的缺点，哪有学习的动力？一个不学习的人，你叫他如何进步？如何提升？这种人只会躺在以往的成绩单上沾沾自喜，被人欺骗了也不知道。战国时代的齐宣王就因为喜欢恭维奉承，闹了一个天大的笑话。齐宣王喜欢射箭，自以为力大无比。他和武将比试拉弓，一武将假装拉不动，另一武将则只拉了一半便表示“强弓，足九石矣，非大王神力而不开”。最后，齐宣王喜滋滋地把弓拉开了，群臣纷纷喝彩称颂。事实是什么呢？齐宣王拉的弓，其实不足三石。但在属下们的忽悠下，他到死都以为自己是能拉九石弓的大力神，却不知身后贻笑千古。你看，一个人如果遇上的都是这样的同僚、下属，哪还有进步的空间？丢人现眼的机会倒多得很。

“言之大甘，其中必苦。”不负责任地吹捧，只会让人或栽跟斗，或闹笑话，实在没什么好处。对于溢美之言，当有所质疑，提高警惕，多想想说话者的出发点，方不至于“听之者惑，观之者冥”。对明智者来说，与其任由廉价的赞美泛滥，不如来点货真价实的批评，使自己的头脑经常清醒，让自己的内心逐渐强大。

2019年5月29日之夜

覆者悔已迟，来者防未萌

前段时间，连续参与录制多名落马官员的忏悔录，可谓感触良多。面对镜头，没有哪个当事人不痛悔流泪的。悔恨，可以说是他们的“第一体会”。印象最深的是，一名曾经在政法系统担任领导职务的留置对象突然迸出一句话：“世界上最遗憾的事就是没有后悔药，要是有，就是叫我吃上一千包一万包也愿意！”那痛苦的表情，简直让人不忍直视。

近日在《中国纪检监察报》（5月8日1版）读到一则消息，说的是前不久，浙江省法纪教育基地首次集中展示该省查处的21名省管干部忏悔手稿，出现频率最高的字眼便是“对不起”“后悔”，可谓字字戳心，句句痛心。我想，不管在哪个地方，不管是什么级别的干部，面对这种事，情况都应该差不多。诚如浙江省发展改革委员会原副巡视员丁勇在忏悔书里所言：“一失足成千古恨，一念之差悔终生。”这些人的忏悔，相信是言真意切、发自肺腑的。

天下可后悔之事千千万，但“后悔”的表情其实都是一个样。当时不觉得，事后悔不迭，这是人们很容易犯的一个毛病。《红楼梦》第二回有一副“文虽浅，意却深”的对联说：“身后有余忘缩手，眼前无路想回头。”面对财物，多少人不是有机会时贪得无厌，到了“山穷水尽”的地步才想回头？剖析落马官员的贪腐“心路历程”，其实大同小异，无非是手中有权得意忘形，面对好处利令智昏，东窗事发捶胸顿足。懂得后悔时再来后悔，是不是迟了？当然迟了。该来的总是要来，昨天的恶意透支只能用明天的加倍惩罚来抵偿。曲终人散后，尘埃落定时，仔细算算账，昨天那一念的贪婪，一时的疯狂，最终得付出多大的代价！对因贪腐而落马的官员来说，人生这笔账不算则已，一算才知道亏得一塌糊涂，可谓血本无归矣！事已至此，岂能“无悔”？

悟已往之不谏，知来者之可追。那些已经掉进坑里的人，为此付出了惨痛的代价，悔之晚矣，这些已经不是十分重要；重要的是旁观者、后来者应当从中吸取教训，切勿重蹈覆辙，跟着叫“悔”。这也是有关部门制作当事人忏悔录，展示当事人忏悔书的初衷。

《荀子》说：“不知戒，后必有。”如果旁观者不注重从中受到教育，则难免成为“下一个”。忏悔视频、忏悔书不是用来当谈资笑料的，更不是用来羞辱当事人的。后来者应当从“前车之覆”中深切地吸取教训，心存敬畏。“须知香饵下，触口是铦钩。”道理其实是非常简单的，世上没有无缘无故的爱，对于手握权力的领导干部而言，他人的物质诱惑必定隐藏着不可告人的目的。谁要是被“进攻者”的花言巧语甜言蜜语豪言壮语迷惑了，谁就必定上钩中招，迟早掉进人家挖好的坑里。侥幸之心不可存。不要为一时一地的得逞而沾沾自喜，须知天网恢恢，疏而不漏，“不是不报，时候未到”。反腐没有休止符，前面的路还长着呢，别以为“船到码头车到站”就意味着安全了。只要犯了事，你便是下车回到家里，照样把你拎出来，跑到天涯海角也没用。不信瞧瞧那些退休多年仍被查的老干部，还有那些躲到国外逍遥过几年终被引渡回国的逃犯，他们的结局，就是活生生的教训。

对旁观者、后来者来说，更重要的还应从“前车之覆”中不断反思对照，防微杜渐。贪念的滋长，往往是悄然无声的。尤其是身处某个“生态”欠佳的环境，许多人更是容易头脑不清醒，受从众心理的驱使，面对贪与廉，模糊边界，混淆是非，以为“法不责众”，放手“浑水摸鱼”。很多干部就是在这样的情况下不知不觉湿了鞋，最后终于脏了身。“明者防祸于未萌。”明智的人，在问题尚处于萌芽状态时便能觉察之，解决之。挺纪在前，务必做到预防在先，不给贪欲出头的机会。错误的产生总是有其相似之处，以他人为镜子，常听听“过来人”的体会，多想想人家为什么摔跟斗，把别人所“后悔”的内容用来对照检查，举一反三，排查病灶，逐个对症下药，便能如韩愈所言：“止之于始萌，绝之于未形。”如此，忏悔者的忏悔之言，就真正发挥了其积极作用，收到了理想的效果。

2019年6月13日之夜

“如醴之交”不靠谱

一名曾经担任某重要部门主要领导的官员因贪腐问题落马后，深有感触地说：“老板太不可靠了！我就是交坏了几个这样的所谓朋友，才落得今天的下场！”

这名落马官员说，他在某局任局长时，这几名老板每到休息日必定准时来电，安排丰富多彩的假日生活；后来，他因年龄问题退到二线岗位，这几个老板很快就不见人影了。没出事时，这几名老板总是拍着胸脯，信誓旦旦：“领导放心，这事如果暴露了，宁愿我们把牢底坐穿，也绝不出卖领导！”东窗事发后，他们却交代得比什么都快，毫不犹豫就把自己给供出来了……

这是官商勾结的真实写照，也是权钱交易的必然规律。可惜，很多官员在出事之前，却连这样的基本认识都没有。他们在位时，被某些别有用心的老板拍得晕乎乎的，被人“围猎”了还不自知，以为这种感情就是所谓的“兄弟情”；出了事，才知道建立在利益基础之上的“感情”原来是这般的不靠谱，可惜，明白得太晚了，后悔已来不及。

“君子之接如水，小人之接如醴；君子淡以成，小人甘以坏。”古人早就把这事看透了：这种“如醴之交”，初时虽“甘”，然而时间无法长久，终究是要“坏”的；而那些看似平平淡淡的交往，反而是真实持久的。道理并不难懂，可是，为什么某些号称智商远高于我辈的官员连这么简单的古训都不知道呢？

一方面，是权力让他们昏了头脑。权力本来就特别容易让人膨胀，而定力不足之人一旦掌权，头脑就一定迅速发热，更加糊涂。他们被怀着不良目的之人一恭维，就真以为自己是天底下能力最突出的人，学识最渊博的人，才华最横溢的人，相貌最堂堂的人……总之，自己就是最强大的，谁都动不了他，纪律法律只是一纸空文，权力想怎么用就可以怎么用。在这种情况下，那些“如醴之交”的甜言蜜语，便是天底下最受用的精神鸦片，只要他们敢怂恿，这种官员就没有不敢做的事。那些手握公权的官员在享受被人“顶礼膜拜”的美好感觉时，何尝想过人家“拜”的只是你屁股下面的那把椅子，根本无关你的肉身？

另一方面，是利益让他们迷了心窍。君子之交淡如水，因为水是原始自然的，干净本真的，它不带什么杂质，也就没有受到污染。小人之交甘如醴，醴是有甜味的，而这种甜味是人为添加的，它虽然当时甜，但“保质期”有限。如醴之交，就是以现实利益为出发点的交情，因为功利性太强，注定了它不可长久。可是，俗话说“利欲熏心”，对于不择手段一心逐利的人来说，在利益面前，必然抛弃原则，逾越底线，为之赴汤蹈火而在所不惜，哪里会去考虑什么“天长地久”之事？掌权者贪财图利，势必忘乎所以，自愿上钩。那些企图借助公权谋取不法利益的商人，也正是利用了他们这种“吞饵心理”，放下诱饵，等待上钩者。

“如醴之交”害人不浅，后果可怕。身为领导干部者，当用心拒之防之。

远离“如醴之交”，要正确处理政商关系。官员和商人，既要“亲”，更要“清”。亲者，应当做好本职工作，提供优质服务，该办的事毫不含糊，不能办的事当场说清楚，此乃为官者题中应有之义。“清”者，要像水那样干干净净、清清白白，不带任何杂质。做到了这些，不管放在什么时候，都不至于违纪、违规、违法，官员、商人双方都可以放心、安全。

远离“如醴之交”，要自觉净化朋友圈。很多官员原本品行并不差，却因为交友不慎，走上了另一条路，终至不归。有的沉迷于赌博，有的热衷于吃吃喝喝，有的甚至被人拉去吸毒……只要沾染了这些恶习，想洁身自好已不可能。交友投分，切磨箴规。朋友需要声气相投，昂扬向上，这才能取长补短，携手共进。道不同不相为谋，思想不在一个频道的人，突然主动靠近你，必有所图，务必当心。多交“益友”，不交“损友”，置身于一个健康的朋友圈，才能拒绝诱惑，远离陷阱，站得直、行得正、走得远。

此外，远离“如醴之交”，也不妨多看看前车之鉴，听听那些忏悔者的肺腑之言。这些都是生动形象的活教材，说服力也许远胜一大把的大道理。

听得多了，你就会相信，古人所说的“以势交者，势倾则绝；以利交者，利穷则散”实乃至理名言，不可不信矣。

2019年6月25日之夜

念及亲人泪滂沱

拍摄几名某系统落马官员的忏悔录。原以为，由于职业关系，这些人平时多以“硬汉”形象在公众面前亮相，内心应该比寻常百姓强大，情感应该没有普通群众那么丰富。不料，无一例外，打开话匣没说上几句，他们居然顷刻泪奔。

不是表演，不是做作，也不是懦弱，而是触及到了亲人这个话题。

其中一个，说到了年幼的孙女。年届退休，本来可以享受天伦之乐，没想到眼看着船到码头，正待上岸之际，却一脚踏空。突然失去自由之后，懂事的孙女多日没见到爷爷，天天闹着家人传话，要求“出差”在外的爷爷早日回家……得知这一情节后，这名头发斑白的当事人每每提起，总是泪如雨下，泣不成声。

另一个，儿子博士毕业，成绩优秀，本来被一家理想的单位相中，可现在因为他出事了，一切都因此改变。看到自己的任性用权给儿子的前途造成的后果，为人父者心如刀绞，痛苦不堪。

还有一个，则在留置期间，年迈的母亲因病去世。想到自己身为人子而未能见上老人最后一面，这名落马官员数次失声痛哭，让人不忍直视。

慈孝之心，人皆有之。不管是清廉之士，还是贪婪之人，但凡涉及亲情，总是有一份不一样的心动。而对落马官员来说，贪腐之事东窗事发后，他们给家人带来的伤害，或许远在自身痛苦之上，这也是这些官员想起自己的所作所为，情不自禁泪滂沱的原因所在。

从物质生活上来说，这些官员往往是家庭的顶梁柱，如果上有老下有小的话，其在家里的地位更是不可替代。现在，因为贪腐问题，工作丢了，收入没了，自由也失去了，在生活上势必对家庭带来直接影响。算一算这笔账，就会知道干这些不法之事，风险太大，得不偿失，当初实在不值得去如此这般“赤膊赌”。事到如今，只要心智正常，能不以泪洗面？

比物质生活影响更大的，则可能是对家人精神上的戕害。记得一位同事曾经聊过一则家庭趣事。某天，他那读小学的儿子一大早起床，突然认真地对他说：“老爸，你当干部可不能腐败，否则，要是被抓起来了，我在班上会很没面子！”小朋友童言无忌，话说得直截了当，谈不上多少“理论高度”，但这句话正是因为极其直白、实在，颇值得自命睿智的成年人深思。人活着是要面子的，连几岁的娃娃都明白这个道理，作为一名官员岂能不知？为了那点未必用得上的“身外之物”，使自己名誉扫地倒也罢了，还让家人蒙羞，尤其是让后辈多少年后还因此抬不起头来，这样做值得吗？再算一算这笔账，相信很多人会有所醒悟。

这些说的是忽视贪腐给家人带来损失与伤害的情况。这类官员，在“作案”时，眼里只有财物，心里只计算着个人的得失、风险系数，忘记了背后还有家庭，还有亲属，还有后人。这个连锁反应累加起来，贪腐的风险还得乘以多少倍？这笔“大账”，不得不算清楚。

另有一种情况，则是某些官员刻意为家人谋求不正当利益，甚至夫妻联手、父子上阵、兄弟结盟，这就是家风不正导致的家族式腐败。近年来，全国各地查处了大量的类似案件。这种官员，最终害人害己害了全家，完全是咎由自取，简直是不值得同情，比之前者又糊涂了若干倍，教训不可谓不深刻。

有一名被留置的官员在忏悔时深有感触地说：“幸福是什么？幸福就是可以和家人在一起吃饭，一起聊天，一起同甘共苦，甚至一起偶尔为生计发发愁。人一旦失去自由，才知道这种平平淡淡的生活是多么的弥足珍贵。”对具体某个人而言，家庭是人生最现实的归宿，亲人是生活中无可替代的牵挂。时时想着这些问题，对一个人抵制诱惑应当会大有帮助。

廉政教育其实不需要太多的大道理。从普通人的角度来说，一个人活着，不仅是为了自己，更多的是为家人，为亲朋，再大而化之，即是为社会。所以，手握公权力之人，面对利益诱惑，每当有不法念头闪现时，记得小心评估一下风险，特别是站在亲人立场，好好听一听上述几名“过来人”的悔悟之言，认真想一想干这种事对家庭将产生什么后果，给亲人将带来何等遗憾，或许，就会把准备伸出去的手收回来。

2019年7月19日之夜

收人钱财矮三分

两名落马厅级干部，在忏悔时不约而同提到情节类似的一件事。一个说，当年大权在握时，某老板前来找他办事。老板夹着个皮包，小心翼翼地敲开办公室的门，点头哈腰地向昂首坐在宽大座椅上的他致意。二人聊了一阵后，老板图穷匕见，在某个工程项目上提出了自己的“诉求”，同时从包里掏出一只鼓鼓的黑色塑料袋表达了自己的“心意”。这名官员心领神会，把他的这份心意收下后，吃惊地发现，老板告辞时，昂首挺胸走出了办公室，而自己则点头哈腰将他送出了门……

另一个说，当年主政一方时，某干部来求他要“官”。该干部神情拘谨地说明来意后，递上一个厚厚的信封。信封里面装的是花花绿绿的美元，干部眼里流露出的是满满当当的祈求。这名领导被美元诱得乱了方寸，接过它之后，突然觉得自己看那名下属的目光由顾盼自如变成了充满祈求。

俗话说：“有钱能使鬼推磨。”在这两名落马官员身上，这句话倒是千真万确，毫不夸张。

面对一大笔飞来横财，一个人能不能轻易做到无动于衷？是非经过不知难，恕我等“草根”孤陋寡闻，没有机会见识这么多钞票，经历这种惊心动魄的场面，所以也就不敢随便拍胸脯夸海口。不过，从那么多官员倒在“阿堵物”面前的案例来看，若非“内力”深厚，要想完全不心动，估计会有一定的难度。所以，避免掌权者败退在“赵公元帅”阵前，最管用的办法恐怕还是“无招胜有招”，把权力关进制度的笼子，让权力在阳光下健康运行——光靠个人自觉，总是难保不出现“变节”之人。

回到个人身上来说，面对金钱诱惑，要淡定地保持节操，我想还是应该强化一下官员的“尊严意识”，让他们以清醒的头脑把人生的“大账”算清楚。

世人重当官，因为当官自有当官的好处。然则当官最大的好处体现在哪里？个人愚见，若从世人看重的“名利”角度来说，恐怕主要还是体现在一个“名”字上——有个自带光环的好名声，要是工作做得出色，更是可以充分释放人生的成就感，乃至千古留名（当然，这个“名”，表达的是人民发自内心的认可，与个人“运作”的虚名无关），获得一种莫大的荣耀。

若要论“利”，在正常社会，当官在个人物质收益方面，当然是不能和商人等自由创业者比“利”的。即使是推行高薪养廉，官员也不可能成为物质上最富裕的人，否则这个社会也许就出了问题。当官就别想发财，从职业分工的角度来说本该如此。如果当官可以发大财，那还了得？资源全被某些掌权的贪官搬到自己家里去了。

所以说，发财不是为官的“强项”。从政者若是一心想着发财，最好赶紧改行，否则出事了就悔之晚矣。但是，从名望的角度来说，官如果做得好，可以获得高贵的尊严，受到广泛的尊重。一个人能有机会以公共平台为公众服务，为一方谋福祉，这是无上光荣之事。对于那些选择行政为职业的人来说，最大的价值也便在这里。这种荣誉感，不是金钱可以衡量的，由此获来的尊严，也不是金钱可以换取的。

尊严本来就高于金钱，高于物质。有气节有风骨者历来不少。古时一个平民尚能做到宁可饿死也不吃“嗟来之食”，今日养尊处优的官员，虽然物质上未必大富大贵，但生活无忧是毫无疑问的，岂能为了区区身外之物，而随便低下头廉价出卖自己的尊严？

子罕以“不贪”为宝，今日的官员更当以尊严为贵。须知你这份职业荣耀感，是无法用金钱来评估的。人家敬重你，是因为你的德才，你的贡献，你的胸怀，你的无欲无求。它们为你构建了独特的职业尊严。维护好这份尊严，在于人格的自立自重，在于内心的自持自信。作为官员，始终要明白，利益面前，特别是与他人的交往之间，你不伸手就尊贵，你一开口就掉价。收人钱财矮三分，灵魂被人收购，人生还有多少趣味？与其被那些酒肉之交、蝇营狗苟的老板、下属背后讥讽为“吃相难看”，何如堂堂正正端坐，挺直腰杆行走？这层利害关系，但愿某些身居要位者能时时思之计之记之。

2019年8月25日之夜

警钟还须时时敲

与一名被留置人员面对面。我问他，担任领导职务这么多年，各种警示教育活动也没少参加，这些教育对你来说，到底有没起到什么作用？

他认真地回答：有作用，而且作用还不小——如果不是因为这些教育，自己犯下的错可能还会更严重。特别是现在看来，以前的警示教育不是多了，而是少了。要是再多一点，应该对自己会有更大的帮助。

这名被留置人员落马前是一方大员，岗位重要，权力不小。他说，每次看过有关案例，他都会把自己摆进去，提醒自己要引以为戒。然而，过一段时间后，紧绷的神经又渐渐松弛了，更由于“牛栏关猫”等方面的原因，不知不觉间还是收了这个要了那个，累积起来便成了不小的事。为此，他深有感触地说，作为一名领导干部，“警钟”应该时时响在耳、记在心，这是“过来人”的忠告！

反腐败是个系统工程，需要惩治、制度、教育等多管齐下，方能实现“不敢、不能、不想”的目标。这个话题太大，这里单说说“教育”二字。

说到“教育”，很多人也许并不往心里去，认为这是“虚功”，做做表面文章就行了，并不能解决多少问题。这种认识，从某些事实来看，并非全无道理，因为很多官员平时“学习”并不少，但照样我行我素，前“腐”后继。

这个“事实”其实只是表面，只是局部。真正的原因并非“学习”无用，而是那些人根本就没有真学，一个字也没往心里去。一名长期担任“一把手”的落马官员就痛心地说过，以前在位时，单位传阅文件，对于纪检监察机关的通报，他都是认为事不关己，只看一下标题就翻过去了，哪里知道它说了些什么。及至自己“东窗事发”也成了“案中人”之后，在办案人员的帮助下，好好地学习了几天党纪国法，才深悔以前对此过于忽视，可惜悔之晚矣。事实上，对许多犯错误的官员来说，吃亏其实也正是在这方面，平时从不把警示教育当回事，等到出事才知道原来自己也会摊上这样的事。

既然连被留置的人都认为警示教育有作用，那么，我们更有必要对公职人员时常敲敲警钟，而且要敲得更勤，敲得更响。

警钟时时敲，一方面需要组织发力，经常开展各种纪律教育、警示教育活动。这种教育，形式要新颖多样，内容要真实可感。注重针对性实用性，话要真，事要近，这样才能达到预期的效果。空洞的说教容易让人麻木，左耳进右耳出；遥远的事例则可能如同隔靴搔痒，难以抵达受众的内心深处。其实，警示教育不需要太多的大道理，只要将之与受教育对象的利害关系联系起来，效果自然而然就出来了。从细微处入手，日积月累，久久为功，于无声中转化思想，这才是更现实更有用的路径。

另一方面，更重要的还在于受教育者自身。首先对教育要有个清醒的认识，知道它的第一个目的其实是“保护自己”，让自己尽量远离错误，站得直走得远。对于“圣贤”以外的芸芸大众来说，关注自身正当利益是正常的，没必要“装”得不好意思。学习也好，教育也罢，这种不能立竿见影看到“好处”的事，也只有让人深刻认识到此事和自己的切身利益休戚相关，才会真正放在心上，烙在脑里。

接受了警示教育，“案中人”“片中事”还应在心里时时翻起，回响不绝。除了才智超常之人，平凡人士往往记性一般，动辄容易忘事。俗话说“好了伤疤忘了痛”，对自己经历的伤痛尚且如此，更何况他人身上的伤疤。这时，最见效的办法也许就是把别人的教训经常揭开来看看，由此对自己的心灵“时时常拂拭，不使惹尘埃”。当然，如果只是“小和尚念经，有口无心”，那么，对不起，可能谁也帮不上你，也许只能走回“船到江心补漏迟”的老路去了。

古人云：“日省其身，有则改之，无则加勉。”自省犹如此，警钟常鸣之，相信更能助人“有过则改之，未萌则戒之”。

2019年9月15日之夜

人在“低谷”尤须慎

漫漫人生路，有几个人能够真正做到“一帆风顺”，心想事成？尤其是对于职场人士而言，晋职遭受挫折、事业陷入“低谷”之类的烦心事，更是家常便饭，司空见惯。身临此境并不可怕，但如果看不破、想不开，一味地“人比人”或者怨天尤人，那可能就要真正迎来危机，不得“翻身”，甚至“翻船”了。

最近在《中国纪检监察报》读到吉林省委党校原常务副校长倪连山严重违纪违法案件剖析报道（见9月18日7版），更是感到人在“低谷”尤须慎，务必警惕心理失衡而导致航船侧翻。

倪连山自谓“我的人生曾轰轰烈烈开场”。的确，19岁在家乡中学入党，成为母校有史以来第一个入党的学生；30岁出头便走上了县委常委的岗位；35岁经遴选进入省委组织部——年轻时的倪连山，可谓少年得志，平步青云，让多少同龄人“羡慕嫉妒恨”。可是，2003年1月，倪连山被任命为辽源市委常委、政法委书记时，他因为未能在省委组织部提拔重用而心怀不满；2004年，辽源市委、市政府班子换届，他又因未能如愿当上辽源市市长而甚感失落；2010年，时任吉林省工信厅副厅长的倪连山原以为“稳操胜券”，会被提拔为厅长，最终却被调任省总工会副主席，自此，他更是觉得受到沉重打击。

也就在“失意”之时，2006年，倪连山第一次伸手收下了一家水泥企业负责人送上的20万元银行卡。身处“逆境”的倪连山，思想迅速滑坡，防线彻底失守，权力观发生根本变化，认为“既然升不了官，那就开始发财，人生必须拥有一头”。于是，大约十年时间，倪连山共收受他人所送人民币千余万元……

倪连山的情况，当然并非个别，这些套路也未必让人感到新奇。但是，他的思想转变过程以及他身上的教训，还是具有一定的代表性，足以发人深思，再次提醒我们面对“不顺”时，千万不能犯糊涂。

个人的能耐总是有限的，谁能保证自己一辈子事事顺心、路路绿灯？那只是过年时的短信祝福，逗你乐一乐而已，哪能当得了真？现实生活是，人生如登山，既有上坡也有下坡，既有高峰也有低谷。所以，春风得意时，固然不可目空一切，忘乎所以；身处“低谷”时，更当强化危机意识，守紧思想防线，千万别让精神世界由此塌陷。

人在“低谷”，容易受情绪波动的影响，自暴自弃，一改锐意进取状态。人非圣贤，遇到不顺心的事，有点情绪是正常的，发发牢骚也是可以宽容的，但由此破罐子破摔，庸庸碌碌，不思进取，则不可取。“低谷”的形成有多种原因，或在主观或在客观，但不管哪种情况，不能丢失了自我。一个人始终要相信，提升自己的能力，才能让自己在社会上更好地立足，而自暴自弃，就是无端地和自己过不去，甚至是“拿别人的错误惩罚自己”，无非是造成“亲痛仇快”的结果而已，无疑是非常不明智的。

人在“低谷”，还容易被别有用心之徒乘虚而入，悄然拉下水。仕途受挫的官员，未必手上全无权力。这时，如果思想麻木，防腐拒变的防线主动撤哨，糖衣炮弹便可能畅通无阻。若是因此“交友不慎”，被人轻松“围猎”，他日出事时，岂不悔之晚矣？

人在“低谷”，更可怕的还是“三观”变质，主动投向腐败的泥淖。上述“围猎”的情况还属被动，发现得早尚有药可救，而如果像倪连山那样彻底改变了对权力的看法，从内心把奋斗目标定为以权谋财，那就只能是病入膏肓，等待牢狱之灾了。

人在“低谷”，危机多多，轻则放松能力提升，让自己更加跟不上“队”，重则思想蜕变，不由自主地走向腐败深渊，所以此时尤其不可麻痹大意。其实，不讲那些豪言壮语，也未必要求人人都逆来顺受、毫不计较个人得失，单从“保护自己”的角度来说，我觉得，一个人处于“低谷”时，最现实的选择是，不妨从另一个角度检视自我，感悟人生，以逆境倒逼自己多学习，长本领，在力所能及的范围内干出他人意想不到的成绩。天生我材必有用，不管在什么岗位（哪怕是没有岗位），都有机会做点对社会有益的事，关键是看你怎么办。只要你不把所谓的“官位”看得那么重，而把干实事当作人生的真谛，说不定就取得了“失之东隅，收之桑榆”的效果呢。退一万步来说，即使你啥也不想干，让人生交“白卷”，也不能和贪腐沾边，让自己的人生成为“负数”。

2019年9月28日之夜

侥幸之念不可存

陈建设，浙江省绍兴市政协原副主席，曾任绍兴市副市长。今年2月，陈建设主动投案，接受纪律审查和监察调查；5月，被开除党籍，取消待遇，并被移送检察机关依法审查起诉。9月24日，浙江省衢州市中级人民法院以受贿罪判处其有期徒刑4年。

行政级别不算太高，获刑也不是太重，按理说，在腐败分子纷纷落马的今天，这样的新闻很难引起人们的关注，其中也未必能挖掘出太深刻的教训让人引以为鉴。然而，它偏偏就是一个比较有“特色”的贪腐案例，还真值得向广大公职人员说一说。

陈建设最大的特点在于，他已退休了——注意：不是退了一年两年，也不是三年五年，而是退了整整15年。

是的，早在2004年，从绍兴市副市长岗位转任市政协副主席的陈建设，就因为“内心深感委屈”而私欲膨胀，认为既然“官途不顺”，“就走做企业赚钱这条路”。于是，他申请提前退休，并在退休前收下了商人孙某的“入股本金”和“下海补偿金”（你看这些名目，收钱还挺有“创意”的！）。今年2月，陈建设投案时，退出收受的625万元款项及3155.6万元孳息。（相关报道见10月16日《中国纪检监察报》7版）

读了陈建设的案情剖析，最大的感慨就是，法网恢恢，疏而不漏——不管隐藏多久，他终究没逃掉！由此更警醒我们：面对不义之财，不管什么时候，不管什么地方，不管什么理由，侥幸之念万万不可存！

不要以为“天知地知你知我知”就太平无事。雁过留声，只要做过了的事情，总是有蛛丝马迹可循。只要是两个以上的人实施的行为，便没有什么“秘密”可言。你这头不出事，不能指望别人那头不出事。更别指望向你送钱的人会践行“宁愿自己牢底坐穿，坚决不出卖领导”的承诺。他向你送钱，看上的只是你所坐的位子。如今你的位子岌岌可危甚至已然不保，在送钱者心目中你已一钱不值，他有那么傻替你去坐牢？想想都可笑。俗话说“世上没有不透风的墙”，那些以为“人少不会出事”“时间久了无人知晓”“即使出了事也有某某扛着”的想法，其实都是掩耳盗铃，自欺欺人。

不要以为退休了就等于安全着陆。反腐没有休止符，退休更不是护身符。这些年，多少退休干部，贪腐问题“东窗事发”之后照查不误？大到曾经的国家级领导人，小到普通科员，都能找出一大把的鲜活案例。上述陈建设一案，算是很特别了：退休15年了，说不定当地都没多少人记得他曾经当过市领导了，哪知道人到晚年，照样去了该去的地方，照样要把当年所收的不义之财如数“吐”出来。有这么一个“非常”案例在此，试问侥幸心理还能“坚强”得起来吗？别说退休，就是跑到国外的那些人，虽事隔多年，不也一个个被拎回来了吗？

不要以为跟着别人“捞”就可以“法不责众”。很多官员有一种从众心理，以为某种行为是潜规则，很多人都这样做，应该没人会去查，查也查不过来。等到哪天真的查到自己头上，才目瞪口呆，后悔不迭。最近与一名被留置人员交谈，问他对自己的落马怎么看。他说，实在没想到会查到自己头上来——以前总觉得，收人钱财的官员多着呢，自己有选择性地收一点，应该不至于这么倒霉吧？所以，被留置后，好长一段时间没回过神来。贪污受贿这种事，一出事就后果严重，这种赌徒心理实在要不得。更何况，就算在落马之前，用他的话来说，毕竟做了亏心事，总是时常感到心虚，那感觉，也不怎么好受呢。

不要以为有人“罩着”就可以无视纪法，为所欲为。某些官员，仗着有点“后台”，便以为没人动得了自己。比如某县一名局长就是这样说的。他在位时，因为自己是县委书记的“红人”，总以为纪委不可能查他。可是他万万没想到，这样的“团团伙伙”发展下去，最后连县委书记自己也被查了。当他明白“靠山”不可“靠”时，一切都已经晚了。道理其实很简单，反腐没有“铁帽子王”，一个官员的“靠山”如果支持贪腐甚至参与贪腐，他自己其实也面临同样的危险，迟早要出事，怎么可能“靠”得住呢？

总之，不要为侥幸寻找任何借口。只要心存侥幸之念而放纵贪欲，就是危险的，就是不明智的，就可能一夜之间从“零概率”成为“百分之百”。不管你做得多隐秘，不管你手段多高明，不管你时间拖多久，也不管你的“后台”有多“硬”，在强大的反腐攻势面前，在严密的纪法之网当中，这些都是不堪一击的。一个官员要让自己平安无事，快乐生活，最有效的办法，还是“无招胜有招”——对那些破纪违法之事，一件也不做，根本就不沾它的边。

2019年10月24日之夜

透过“抠门”说“私心”

吉林省信托有限责任公司原党委书记、董事长高福波是个有“意思”的人。读《中国纪检监察报》（11月20日7版）刊发的相关案件剖析，高福波身上的那个抠门劲跃然纸上。年薪达140万元，在生活中却对家人几近吝啬，早饭从来不喝牛奶，很少吃鸡蛋，就喝点粥吃点咸菜完事；妻子在商场看上一双1200多元的鞋，尽管穿上很合脚，但妻子感觉太贵，最终选择了一双400多元的，虽然没那双贵的穿着舒服；在单位先后集资购买了两套高档住宅，全部卖掉用来搞投资，自己和妻子则一直住在2005年购买的普通楼房中……

仅从这些情节来看，高福波似乎和“贪官”未必挂得上钩，只是让人感到节俭得有点过头了，顶多就是个“抠门”的“葛朗台”形象而已。然而，报道提到的另一个细节，却无情地暴露了他隐藏在“抠门”背后的私心。

担任省信托公司董事长后，看到私企老总出差坐头等舱，出行坐高档越野车，请客喝茅台，高福波甚感不悦，心生不快。于是，他开始在工作中贪图享受，出差只坐头等舱，喝酒只能上茅台，公务车也换成了高档进口越野车。

搞了个半天，原来高某人不是节俭楷模，不是舍不得花钱，更不是不懂得享受，而是要看花谁的钱啊——若要自己掏腰包，那是一个子儿也不舍得出；但如果是花公款，人家可真是毫不含糊，不管怎么挥霍，一点也不会感到肉疼。

面对公款和私款的不同态度，一下就把一个贪欲膨胀之徒的灵魂给试出来了。

人有私心，这本是正常的。所谓“大公无私”，若非圣贤，是绝难做到的。当前这个社会发展阶段，显然还没到人人都能成“圣贤”的时候。对普通人来说，做到“公私分明”，便可称为道德合格了。而这也应当成为一个人的行为底线。

一个又一个活生生的案例告诉我们，私心太重的人，实在不宜从政。“多私者不义，扬言者寡信。”过于自私的人，做事往往无原则、没底线，唯利是图，不择手段。曾经有一个官员，将私款放在一家民企赚取利息，得知该民企要倒闭了，无法偿还自己所借出的钱，不惜将数倍于私款的公款输送给民企，为的就是“解救”自己的那笔借款。为了一己私利而让巨额国有资产打水漂，你看人家这“胆识”！还有的官员，为了关照与自己有利益关系的人做项目，动用公款大肆“烧钱”，只是为了“烧”出自己的那点蝇头小利。在公与私之间，这些人把私人利益看得高于一切，而公共利益在他心里却是一文不值。只要对自己有利，他可以牺牲公家的地球“保护”自家的乒乓球，可以牺牲公家的宝马车“保护”自家的自行车。把权力交在这样的人手上，你能放心吗？

私心遇上权力，恰如干柴遇上烈火。私心太重的人，一旦手上掌握公权力，贪欲必将如洪水猛兽，不可驯服。以高福波为例，报道称，其涉案金额高达数十亿元，是吉林省纪委有史以来查办的涉案金额最大的案件。收房、收钱、收股权、收字画藏品……十几年来，他可谓无时无刻不在想着法子让权力变现，最终却只是做了一个“财产保管员”，另外“赚取”了牢狱之灾。权力高危运行，最终害人害己。细看诸多贪官的教训，有几个不是因为贪欲无法扼制而坠入犯罪的深渊？贪得无厌的人，只有这么一种结果。为政者不懂得节制欲望，危险就离自己很近了。

对为官从政者来说，私心太重，并非小节问题。所以，在选人用人上，平时就要留意一个人的“公私观”，对于私心过重的人，应当限制使用。从掌握用人“话语权”的领导者角度而言，你既然知道某人私心太重，想“关心”他的话，最好的办法就是不去提拔重用他，让他没机会犯错误；须知一味地委以重任，便是等同于把他推入火坑。把一个贪吃的安排去守面包，他不想办法吃撑才怪。从群众角度来说，对于私心太重的人，能力再强也别去推荐他。这种人掌权后，恨不得把他掌握的一切都变成自己的，只要有可能，让他管一座山，他都想搬回家里去。推举一个这样的人为大家服务，能给大家带来什么好处呢？只会耽误了事业的发展。一句话：这种自私自利之徒，只有不给他掌权机会，才是对他最大的关爱！

2019年11月22日之夜

保佑贪官的菩萨定然不是好菩萨

这是一个滑稽而发人深思的现象：在落马的贪官当中，相当一部分沉湎于风水迷信而不能自拔。在这些官员身上，总是有种种常人意料不到的喜剧式行为，让你听了啼笑皆非。

先小举两个事例，都是权威媒体公开报道了的。其一是吉林省四平市人大常委会原委员王晓波。此公曾先后任四平市国土资源局局长、四平市安全生产管理局局长，位不高而权不轻。报道说，他提拔干部那是要酬劳讲回报的，他帮人办事那是要收钱财得好处的。当然这些都是听着不新鲜的事，估计很多读者有点阅读疲劳。与本文主题有关的内容是，王晓波对鬼神信之甚笃，甚至坚信自己不会被查处，因为有佛祖保佑。用他自己的话来说："我家里供奉佛堂，自己有什么秘密都愿意跟佛祖讲，祈求佛祖保佑自己那些违纪违法的事，谁也别知道。"唉，这王某人，对佛祖的确够虔诚了，不但用实际行动给佛祖提供了良好的办公条件，敞开心扉和佛祖大讲悄悄话，还认定了佛祖他老人家一定会充当自己贪腐的保护伞，这让旁观诸君该说什么好呢？

另一例，说的是浙江省金华市政府原副秘书长申屠福华。此公曾任东阳市副市长、东阳市委副书记，金华市婺城区委副书记、区长等职，也是个实权派。申屠福华的落马，主要当然也是因为疯狂敛财。与王晓波有得一比的是，他对菩萨也是极其恭敬的。报道说："他不信马列信鬼神，请风水先生给自己出谋划策。外出时，进庙烧香拜佛，求签转运。他认为烧香拜佛就可以让自己柳暗花明、逃避惩处，不料机关算尽太聪明，反误了自己。"颇具讽刺意味的是，被留置前，申屠福华还特意去求到"上上签"。"大师"让他不要着急，能遇难成祥，他居然信以为真。迎来牢狱之灾的申屠福华，事后不知是否觉得，菩萨们给自己开了一个残忍的玩笑？

这两篇报道，分别见于2月5日、2月19日的《中国纪检监察报》“警钟”版。类似的案例，如果去收集的话，可谓不计其数，无暇遍阅。不管是级别低的基层干部，还是级别相当高的大官，每个层次都能找到相应的实例（我们身边自然也不少），而且可能一个比一个精彩，这里就不再展开来说了。反正，随手从报纸上拈来的上述二例，足够说明这种现象的普遍性就行了。

这些大大小小的官员为什么纷纷寄厚望于菩萨神灵？按他们落马后自己所做的剖析，首先当然是理论学习不够、理想信念缺失等所致。这些固然也是原因，但说得有点笼统，总让人觉得还没有鞭辟入里。我觉得，骨子里，还是这些人的文化底子太差，缺乏必要的逻辑思维能力。

或许你会说，那些信神信鬼的落马官员，不是不乏高学历高学位者吗？怎么可能文化底子差？

学历高，不等于文化素质高，更不等于一定会思考。如果说学历高就必然有智慧有文化，那么如何理解某些高学历的人员干低级愚蠢的事？所以，学历和文化，其实是两个不同的概念。就像读了书未必有知识，有知识未必有见识一样。更何况，某些官员的所谓高学历，还不知是不是货真价实的学历呢，当然这是另一回事了，在此略过不提。

若是寻常百姓处于无助状态时，病急乱投医，遇庙求菩萨，那还可以稍稍理解，毕竟人家身处底层，也许自身孤陋寡闻，身边又没有“高人”可供学习咨询，只好向神明请教。而身为官员者，不管级别高低，按说总该有几个文化层次尚可的朋友吧？现在逼得他们也像文盲一样笃信神明万能，凡事向菩萨磕头求助，那只能说明，这人的圈子里就没有什么有见识明事理的人。缘何混到这个地步？最大的可能就是他自己便是一个和文盲差不多的人——物以类聚，人以群分嘛。正如人家评价微信朋友圈所说的：你是什么样的人，你就有什么样的朋友圈。

21世纪都过了快20年了，人类对世界的认知早已一日千里，竟然还有官员以为巴结了菩萨就可以作恶，就可以免祸，以为每天烧炷香就可以保平安，身上戴几个护身符就不怕纪检监察机关检查，能不让人纳闷么？真不知这些人是怎么选拔上来的！我曾经与人调侃：那些到处烧香拜佛求菩萨的人，注定是枉费心机的。他们也不想想：按老百姓的理解，神明之所以成为神明，那是因为他们是公平正义的化身。一个愿意保佑你干坏事的菩萨，能是个好菩萨么？既然不是个好菩萨，它就没法获得广大人民群众的拥护，自己都要被赶下神台，哪还顾得上你？

其实，两千多年前“曹刿论战”的故事就说明了这个并不深奥的道理。春秋时期，齐国攻打鲁国。鲁庄公准备迎战，平民曹刿问他有什么底气。当鲁庄公以为自己对神灵一片赤诚，必能获得保佑时，曹刿却告诉他：“小信未孚，神弗福也。”一介平民曹刿都知道，神明也是有原则的，不会因为某些不正当理由而随便给你站台，更何况今天这些官员干的是坏事？要知道，如果世上真有菩萨，那么，菩萨也要考虑自身的社会影响和政治前途呀，你以为他们过得容易吗？

所以，身为官员，最安全的办法，不是向菩萨寻求庇护，而是努力做好自己。俗话说：“不做亏心事，不怕鬼敲门。”站直了，走正了，远离歪门邪道，何须菩萨保佑？

而破除某些官员根植于心底的迷信思想，最好的办法就是纪检监察机关加大查处力度，让那些指望菩萨保佑的贪腐人员一个个现出原形，得到应有的处罚。如此，看看菩萨神灵们在官员当中还有没市场？

2020年2月27日之夜

权力太大莫得意

3月4日，《中国纪检监察报》“警钟”版以《贫困县倒下的县委书记》为题，用了整版篇幅报道福建省诏安县委原书记何德发严重违纪违法案。一个县委书记的“事迹”能在中纪委主管的报纸占一个整版，说明事情不算小，情节不算轻。更多的内容在这里就不展开说了，只说文中提到的一点：当了县委书记的何德发，常常把“诏安我最大，是我说了算”这句话挂在嘴边，而他自己的忏悔录也说道：“2016年6月，我任县委书记的目标实现后，便彻底疯狂了，老板们也疯狂了！”“我80%的违法犯罪行为发生在这个阶段。”

“××我最大，是我说了算！”又一句多么熟悉的声音。根据我们对现实的了解，但凡时刻惦记着“我最大，我说了算”的人，即使不出事，官声也好不到哪里去；而某些人虽然没出事，但不等于他身上就没事，只不过是侥幸漏网而已。

从某种程度来说，何德发所言虽似“狂言”，但也基本算得上是句实话。官至县委书记，权力的确不小。用何德发的话来说，“从干部人事的任免，到财政资金的使用、重大项目的拍板，县里大大小小的事情，只要县委书记想管，我都可以管得到。”难怪有人曾经调侃，县委书记的权力比美国总统还大，美国总统主要管管国防和外交，其他不怎么管，而县委书记除了国防和外交，什么都管得上。正是因为权力太大，而何德发又时刻记着自己是“老大”，所以，虽然诏安县很多“三重一大”项目表面上按制度、程序决策运转了，但因为何德发私下的一句话，项目还是输送给了特定关系人。

其实，从制度设计的层面来说，县委书记等“一把手”的权力，本来是不至于这么大的。我们有民主集中制、末位表态制等大大小小的制度以及各种监督的约束，如果制度都能执行到位，监督都能发挥作用，权力还是可以在阳光下公开透明运行的。但说归说，做归做，事实上，由于制度落地打折扣等原因，“一把手”权力太大依然是个突出问题，监督“一把手”依然是个大难题。真正把权力关进制度的笼子，还需要付出诸多努力。

失控的权力，如同坏了刹车的汽车，长久运行下去必然要出大事。这个浅显的道理，局外人基本上都看得明白，但局中人却往往浑然不觉，自得其乐。所以，我们便经常看到很多雷同的场景：某些不可一世的权势人物，因为滥用职权一头栽倒之后，涕泪俱下，悔不当初。那惨状，简直让人不忍直视。

当然，权力总是要有人去行使，用权也未必一定会出事，规范用权、平安用权，办法还是有的。简单地说，让“一把手”避免出现何德发那样的下场，需要几个方面共同努力。

监督要有实力。监督是权力健康运行的基本保障。面对“一把手”尤其是地方“一把手”权力集中的问题，必须加强监督的力量。然而，在现实中，上级监督太远、同级监督太软、下级监督太难仍是个普遍现象。如何增强监督的硬实力，使监督无处不在，真正形成震慑，这是让权力规范运行的关键所在。如果没有监督，权力即使交给圣人，时间久了也容易变味走样。监督应该立体化、全天候、无死角，不仅包括纪检监察的专职监督，还应包括民主监督、司法监督、群众监督、舆论监督等。唯有监督的力量足够强大，权力才不至于太霸道太傲慢太任性。

同事要有定力。面对动辄“我最大”“我说了算”的领导，班子成员及其他下属们其实也是挺头疼的。是坚持原则和他对着干，还是放弃原则跟着他瞎混？在普通人看来，这似乎是个两难的选择。这个时候，一个人是否有定力，就显得特别重要了。腐败窝案、串案现象，数十年来屡见不鲜，一个重要原因就是很多干部定力不够，同流合污，以至一个“头”可以带坏一帮人。何德发被查处后，便是这个情形，跟着他落马被查处的有县委常委、县教育局局长等一批干部。再说近一点，以离我们比较近的某县为例。这个县前后数年，有两名主要领导出事，结果，二人分别“连累”了一大批干部。有些受到处分的干部，事后与笔者闲聊时大发感慨：“今后再也不敢这样迎合领导了！”的确，没有定力，很容易跟风，而跟风迎合这种不受监督的权力，最后往往只能落个跟着“一把手”一起倒霉的结局。作为同事，不管“一把手”是什么风格，还是按规章制度办事更安全，否则，即使一时得志，难免事后遭殃。

自身要有恒力。“恒力”本是个物理名词，借用到这里，意思就是要牢记初心，守住本性，不因地位变化而三观大变、性情扭曲乃至得意忘形。有人说过，做官要“三思”：思危、思退、思变。虽然说的是古代的事，但今天仍不乏借鉴意义。作为一名官员，时时要有敬畏之心，敬畏群众，敬畏舆论，敬畏时间。权力不是永远在手，再怎么样“实力”超群，都有交出权柄的一天。如果行事“无法无天”，老是幻想“一手遮天”，总有一天难逃纪法之网。真到了那个时候，可就悔之晚矣。只有以平常之心对待权力，以公道之心行使权力，才能确保自己始终安然无恙。当然，那些“初心”早就蒙尘，做官本来就是奔着以权谋私而来的，不在此列，他们需要另外的猛药才能解决问题。

权力太大莫得意，须知此事有风险。但愿为政者千万别像何德发那样有权就“疯狂”，能够时时想起那些任性用权者的下场，切实从中吸取教训，真正树立正确的权力观。

2020年3月11日之夜

不事苞苴梦亦清

突然接到邻省一位朋友Z君的电话，说刚刚到了我所在的城市，约我一起吃晚饭。有朋自远方来，不亦乐乎？于是欣然前往。Z君是一名个私业主，开朗健谈。一见面，他就说，两年不见了，这次是来向你道谢的，还记得上次我来这里找你聊天的事吗？你那次说的那几句话，对我帮助很大呢，让我最近省了不少麻烦事。

屈指一算，与Z君果然有两年没见了。上次聊天的事，当然还有印象。那天，Z君郑重其事地说了两件事。其一是他所在的县有个局长，老板们只要想在他手上办事，必定要送上一个大红包才行。Z君是做工程的，其时正想在该局长手上承接一个工程，但想到这个“潜规则”，颇有些苦恼，因为送了这个红包之后，只好靠偷工减料弥补损失，难保以后不出事。其二是Z君的儿子在一个乡里做乡长，年轻有为，听说县里最近要动干部，知情人透露，如果给县委书记送20万，就可以重用为乡镇党委书记。Z君一向关注时事，深知当前反腐力度之大，但想到儿子的前途，还是拿不准在这种形势下要不要去凑这个热闹。

听了Z君的困惑，我向他说了三句话，作为自己的观点。

第一句话：做大做强不如做长。Z君早已是家境殷实，衣食无忧，某局长手上那个工程，接不接，并不影响生活水平，钱多挣一点少挣一点对他并无本质影响。但是，如果接了这个活，送了那笔钱，也许，某天这事就给引爆了，到时便有可能“辛辛苦苦几十年，一夜回到解放前”。要知道，该局长既然在这个工程上会接Z君的钱，就必定会在其他项目上收其他人的钱。即使Z君这个工程不会出事，难保其他项目不出事。只要当中有任何一个人东窗事发，就将把所有人串起来“一网打尽”。这是贪腐案件的普遍规律。更何况，现在是行贿受贿一起查，万一不小心中招了，这个代价可就不小了。对于做企业的来说，生意做得长远才能实现最大效益。为了一时的利益，埋下一颗不定时炸弹，这种“赤膊赌”到底价值几何，当事人应该好好算算这笔账才是。

第二句话：走得快不如走得稳。不管是经商还是从政，都是这个道理。投机取巧的事，还是不做为好。君不见，某些商人或政客，信奉“撑死胆大的”“胆大得官做”之类的歪理，走尽歪门邪道，转眼间暴富或火箭式提拔，快则快耳，可惜风光了没几年，便应了那句“眼看着他起高楼，眼看着他宴宾客，眼看着他楼塌了”，落得个凄惨结局。说到这里，我特地举了一个真实的事例。张三李四，今隐其名，二人都是某市直机关的科长。张三剑走偏锋，三年之内从科长做到了县长，李四则老牛拉破车式地稳步前进，从科长到副调研员、副县长、县委常委、县委副书记，每个岗位做了两三年，十年以后，也做到了县长。而此时，那个三年工夫从科长做到县长的老同事张三，因为某领导的贪腐问题“拔出萝卜带出泥”，已在监狱蹲了好几年了。但凡了解二人履历的，无不感叹：步子不稳的情况下走得太快了，总有一天要栽跟斗！这样的事例并不鲜见，旁观者又岂能熟视无睹？

第三句话：不事苞苴梦亦清。“苞苴”者，本为包裹鱼肉的蒲包，后来代指赠送的礼物，此处引申为贿赂之意。这是清代康熙年间名臣于成龙的名言，大意是一个人远离贿赂，做梦都是清爽的。对官员来说，不受贿，时刻可以保持轻松的心情；对商人来说，不行贿，就不必老是装着沉重的心事。我们努力地奋斗，不就是为了让生活过得更加轻松愉快么？那又何必为了追求某些身外之物，让自己老是活在阴影当中，甚至做梦都会被惊醒？君子爱财，取之有道，那些以不正当手段谋求不义之财的人，表面风光，他们深藏在心底的苦处又有几人知？只有出事时，他们才能深切体会到，平平淡淡才是真，幸福原来是那么简单。

听完这三句话，Z君若有所思。或许，这番话当时对他有所触动吧？此后，大家都忙，虽偶有联系，但未再聊及相关话题。这次他专程过来，旧话重提，看样子还有什么“故事”要说呢。

果然，Z君开门见山告诉我，他们那个县委书记，最近落马了！这段时间，县里许多干部为此睡不好觉，有些已陆续受到处理。而Z君的儿子那几年虽然没提拔，但内心坦然，生活安宁。没想到的是，因为是县里少有的未涉事干部，这次正被考察拟重用为乡镇党委书记。Z君感慨地说，要是当初也跟风送钱给了县委书记，这次可就把儿子给坑了！所以呀，还是走正道才保险。

为Z君高兴之余，突然想起那个不见红包不办事的局长。一问Z君，他说，这个家伙呀，早在一年前就被抓起来了，如今正在吃牢饭呢！想想他被查的时候，县里多少老板被叫去配合调查，而Z君因为没有介入那些事，乐得在一旁看热闹。说到这里，他不禁再次庆幸不已。

送给Z君的这三句话，字面虽然不同，核心意思却是一致的，就是没有必要为谋一时之利，去冒风险收（或送）不义之财。Z君颇富戏剧性的经历再次证实，这几句话虽谈不上什么新意，却还算管用。但愿那些心存侥幸之念的官员或商人，都能想明白这些浅显的道理，不在“苞苴”之事上打主意，让自己的生活过得更安稳更幸福。

2020年4月14日之夜

喇叭与脾气

坐同事小曾的顺风车。小曾说，去年，他的车子喇叭坏了，一直忙着没空去修。将就着对付了一段时间，因为车上没有喇叭，他开车越来越有耐心，路上遇到什么事情总是不住地克制情绪，实在没办法时便把车速放慢再放慢。一年下来，蓦然回首，居然发现自己好像不再是个急性子了，患了多年的“路怒症”也似乎在不知不觉中消失了。

小曾又说，今年，他抽个空，去把汽车喇叭修好了。几个月过去，他感觉自己的脾气又慢慢地急躁起来了。看到路边有行人，总是忍不住要按喇叭提醒提醒，看到前面的车慢吞吞，更是忍不住要按喇叭催一催。有时按一下两下没解决问题，便下力气使劲按，连续按，甚至边按还边开骂，心头的火气也因此不断升腾。仔细反省一下，好不容易控制下去的“路怒症”，原来已经悄然复发。

听了小曾这番话，我不禁小小地发了一下感慨：喇叭与脾气，原来也是有着密切关系的。

拿开车这事来说，喇叭是脾气得以施展的一个工具。有了喇叭，驾驶人的脾气才有了发挥的平台。脾气急、脾气大的人，可以通过频频使用喇叭，让外面的人知道你不高兴，知道你惹不起，从而对你有所敬畏，有所让步。当这种效果比较明显时，一个人更会不由自主地选择这种借力的方式。久而久之，喇叭也在让人的脾气悄然升级。而当喇叭失去作用之后，你即使在车里大发雷霆，也没人看到没人听到，外面的一切依然如故，最后只能白白气坏自己。因此，明智的人，当知道发脾气无用时，便干脆自我克制，不再去乱发脾气。

所以，发脾气也是要讲究条件的。当你有了让脾气生效的工具或渠道时，你可能就会想着去利用它，而一旦没这个条件，也许你宁愿选择给一个笑脸算了。比如一个领导，因为掌握了可以制约下属的某些因素，于是，在他的权力范围内，他可能会经常发脾气，随时发脾气，甚至无理发脾气。而一旦他无权制约他人时，比如在“外人”面前，比如到了外地，比如退职以后，你就会发现，领导其实也是一个彬彬有礼的人，一个温文尔雅的人，一个和蔼可亲的人。总之，这时的领导，简直判若两人。

由此可见，检验一个人脾气好不好，在没有“喇叭”的情况下，是不能轻易下结论的。必须提供“喇叭”给他，让他可以充分使用，你才知道他是不是一个有脾气的人。同样的道理，“喇叭”坏了的时候，也不能轻信一个人的脾气发生了彻底改变。只有“喇叭”修好之后，仍能如常对待外面发生的一切，这个人才是真正克服了脾气。

问题是，对多数人来说，车上有喇叭可用，总是会想着用一用。喇叭次数用多了，情绪自然会受到影响，脾气也难免会越长越大。让喇叭失灵，甚至强制性地卸下喇叭，当然也是有一定作用的，但也只是“一定作用”而已。记得好多年前，市里就曾经出台过规定，城区不许鸣喇叭。为此，有关部门还把专跑城区的出租车的喇叭给“阉割”了，让司机想摁也摁不响。在这种情况下，那些出租车的确是安静下来了，但其他车辆，却并未见得按要求做到了。反正，那个时候，在城区行走，听到喇叭声依然是件让人不以为然的事。

也就是说，克制脾气，光靠解决喇叭的问题，还不算解决了问题。真正解决问题，不是卸下“喇叭”，而是要靠驾驶人自觉修“心”，管住自己的内心。朱熹老先生说的：“内无妄思，外无妄动。”只有从灵魂深处解决了问题，才不会受到外界的干扰，才不会老想着动用这个工具那个手段抖抖威风。通过加强自我修养，把脾气给克服掉了，则有无喇叭在手，也一样的心平气和对待周边环境。所以，要克服“路怒症”之类，还是要回到“总开关”，从“源头”下手，才可能真正见成效。

其实，何止一个小小的脾气问题，我们常常讲的反腐败“三不”机制，其中的“不想腐”，靠的也是解决“三观”问题，让内心不受污染。否则，仅凭若干工具，如何实现治本目标？某些人，没权时是清官，说起大道理振振有词，一套又一套，一旦让他掌权，则吃拿卡要、敲诈勒索、挖空心思挖墙脚谋私利，等等，什么事都做得出，那就是内心原本就有问题，只不过此前没逮到腐败的机会而已。“潘多拉盒子”一打开，他就立马原形毕露。像这种人，深藏于心底的那个“恶魔”不解决，谁能救得了他？——哎呀，坐这十几分钟车，瞧这话题扯到哪里去了，打住打住。

2020年6月15日之夜

小小点赞耐寻味

微信时代，但凡是个单位，恐怕都有一个以上的微信工作群。微信工作群为工作提供了极大的便利，但也出现了一个耐人寻味的现象：很多工作群，有效信息常常被大量的“大拇指”“小红花”淹没。尤其是，每逢职位甚高的人物在群里亮相，一个时间段内往往是点赞刷屏。久而久之，对群员来说，点赞成了一种仪式，成了一项任务，甚至成了一个负担。这就让人有点困惑了：大家纷纷点赞，到底是为了什么呢？

细节里面有文章。一个小小的微信群点赞举动，便可能隐匿了若干信号。不妨说几个事，都是真实存在的，从中或许可以看出些道道。

某县有个领导干部工作群，群员都是乡科级正职以上干部。县委书记经常在群里作指示、提要求，或者发布相关信息。这当然是很正常的，方便领导调度工作，本来便是这个工作群建立的初衷。问题是，书记以某种方式暗示，自己每发一次信息，所有群员必须及时点赞。这个做法就不是太有意思了。但比这更没意思的是，对于不点赞的群员，县里有专门的部门点对点提醒；如果三次不点赞，则由相关部门进行约谈。约谈之后再不“整改”的话，后果不消多说了——在一个县里，书记权力有多大，你懂的。

在这里，“点赞”的背后，我们看到的是可怕的官威。这名县委书记的行为，已经涉嫌公权力滥用。对这个微信群来说，传递信息是次要的，“表忠心”才是首要的。于是，某些别有用心之徒刚好把它转变成了一个溜须拍马阿谀奉承的绝佳场所，而另一些内心未必认同这种做法的人，为了自己的处境着想，也只好违心地奉献几个拇指哥了。

需要说明的是，数年之后，这名县委书记因为贪腐问题落马了，这个变味的工作群也因之瓦解了，而某些人在群里的某些“过火”表现，则成了人们饭后茶余的笑料。

另一个县，也有这么一个工作群。前任县委书记喜欢“振臂一呼，应者云集”的感觉，于是群里只要书记一发话，必定热闹非凡，竖拇指的，献红花的，搜肠刮肚写颂词的，一浪高过一浪。后来县里换了个书记，新任领导明确表示，工作群就是发布工作信息的，如无特别说明，不要在群里竖那些毫无意义的大拇指，说那些毫无新意的废话，以免干扰正常工作。领导这么一说，自然，群里静悄悄的，除了有效信息，再无那些无谓的喧嚣。

在这里，我们看到了问题的根源所在。上有所好，下必甚焉。下面的人做事靠谱不靠谱，关键还是看领导者的态度。所以，领导是否清醒理智至关重要。人们并非都想天天活得那么累，很多无聊的事情其实都是被逼出来的。形式主义之类的东西，如果上面说不要，正常人都是求之不得的。与此相类似，我们常常觉得讲真话的人少，也并非大家天生就不想讲真话。如果上级真心要听大实话，相信还是能听到一些的。

还有一种常见的情况。工作群里，领导随便发个什么内容，点赞者齐刷刷全冒出来，拇指头一个比一个多。而如果是级别不高的同事在群里也发个什么东西（哪怕是非常有价值的，甚至需要讨论或回复的），回应者却寥寥无几。大家即使看到了，也懒得动动指头回复几个字。

在这里，我们又看到了什么？看到的是点赞者的势利心态，看到的是某些人身上的权力崇拜症。他们的点赞是冲着职位来的，冲着权力来的，与信息的内容、价值毫无关系。

点赞这么一个微乎其微的小事，为什么会被人玩得变味了？我们到底该为什么而点赞，在什么时候点赞，在什么时候又可以理直气壮不点赞？这些本来不值一提的话题，现在却似乎有必要提一提了。

答案其实很简单。点赞是一种认同，是一种鼓励；是为了肯定相关信息的价值，是为了表示对发帖者的支持；它无关发帖者的地位、身份，只和信息本身有关。可事实上，众多点赞者是这样做的吗？在很多人眼里，只有上司，只有权位，只有利益，其他都可以忽略。当然，也有一部分点赞者，心思没有那么复杂，他们只是出于从众心理：大家都点了，自己不跟一跟，被领导盯上了、记下了可不好……这种从众心理扩散开去，又何尝不是一种平庸之恶？须知种种不良风气，不就是这样悄然成风的吗？“青萍一点微微发，万树千枝和根拔”，这个后果，不知人们在跟风之际，可曾想过？

小小点赞折射人品。当我们在感叹世风日下、道德滑坡时，避免权力崇拜，拒绝奉承逢迎，学会真诚做人，努力改善环境，何妨从这一个微不足道的举动做起？

2021年2月23日之夜

物欲填不满精神的空虚

因受贿538万元，2020年12月，上海市金山区经济委员会原副主任金英丽被判处有期徒刑10年，并处罚金100万元；因贪污公款54万余元、挪用公款55万余元，2019年10月，天津市蓟州区人民法院法官助理王万里迎来人生的转折点，最终被判处有期徒刑4年6个月，并处罚金30万元；因挪用、贪污公款1921万多元，2019年12月，河北省南宫市水务局财务股工作人员李晓飞被判处有期徒刑8年6个月，并处罚金20万元……在反腐力度强劲、落马官员不少的今天，这种案件光凭数字，已无法引起人们更多的关注。之所以将这些不同地方、不同职位、不同性别的人摆到一起，是因为他们有一个共同特点：都是年轻干部，有的出事时甚至不到30岁；都是因为精神空虚、物欲膨胀，或过分追求高消费，或沉迷于娱乐游戏，亲手把自己的大好前途埋葬在奢靡享乐之中。

职务犯罪出现年轻化趋势，是近些年引起社会关注的一个问题。平时我们也经常听到人们说："现在的年轻干部，胆子大得很！"这话虽然失之偏颇，但也并非信口开河。一些年轻干部一没吃过苦，二没吃过亏，对纪法的敬畏感确实过于淡薄，这是个不争的事实，否则纪委监委也不至于持续忙碌了。更重要的是，很多年轻干部身处物质丰富的时代，因为缺乏精神支柱，直接影响"三观"，很容易在物质利益面前迷失与沉沦。

就拿前面提到的金英丽来说吧。据报道，从小到大，金英丽学习和生活几乎不需要父母操心。作为"引进人才"到了上海市金山区工作后，很快在同龄人当中崭露头角。然而，这名意气风发的年轻女干部，"从一开始就设定了错误的人生目标"（办案人员语）——她对奢侈品产生了巨大的向往，甚至认为"追求品质生活"才是人生意义之所在。就因为这样的一个人生目标，曾经学习优秀、工作出色的金英丽堕入贪腐漩涡，早早地落得个悲剧收场。像她这样的例子，在众多落马官员当中并不鲜见。

把日子过好一点，这种朴实的理念没有错。但是，作为一名公职人员，对于什么是“好日子”，应当有自己的理解。倘若浑身只有物欲，满眼只有私利，从不经营自己的精神世界，那么，一旦手握权力，人生出问题只是迟早的事。

人是需要精神的，这绝对不是一句空话套话。没有精神，便容易两眼抹黑不辨方向，便容易意志消沉无所作为，便容易品格低下丧失骨气。这样的人，在职场走下去随时可能被物欲绑架，被利益劫持，被某些别有用心的人轻轻松松俘虏。

物欲填不满精神的空虚。在人生的境界中，物质境界无疑是初级层次的。物质与精神如同人的两个脚，它们如果不同步，便容易让一个人甚至让整个社会摔跤。只有物质追求，人生无以出彩。人生的价值不在于在社会享受了多少，而在于为社会贡献了多少。一个只有物欲的人，他的生活品位永远只是低层次的。哪怕他腰缠万贯一掷千金，哪怕他豪宅香车锦衣玉食，如果精神空虚，也充其量是个在茫茫人海昙花一现的“土豪”而已。

自觉抵制物欲的侵袭，应当成为年轻公职人员的必修课题。当官发财难两全，身为公职人员，若非特殊情况，想要过上奢华生活是不现实的。在入职之时，就应明白这个道理，知道自己在物质生活上哪些可以有，哪些不能有。如果没有这个认识，没有这份定力，不如早日调整人生轨道，寻找更合适自己的职业。起码，这样会让自己的人生道路减少些许风险。

一个人如果精神世界出了大问题，生活便将出现一个巨大的“黑洞”，物质再丰厚，也没法让自己真正幸福愉悦。对公职人员来说尤其如此。那些捞了多少个亿却只能藏在密室的巨贪，论财富，几代人几辈子也花不完这些钱，但他幸福吗？他每天提心吊胆，行不安稳，睡不踏实，只怕内心远不如一个普通百姓悠然自在。及至东窗事发，费尽心机捞得的巨款一分没花，不仅误了卿卿性命，还要连累一家几代，此时才真叫悔之晚矣！

面对生活中的种种诱惑，如何不让自己在“花花世界”误入歧途？唯有以健康的精神滋养心灵，构筑高洁的精神世界，时刻保持一颗平常心。一个人若能做到随遇而安，宠辱不惊，淡泊明志，则何愁无以应对眼中的种种纷扰、耳畔的声声喧哗？

2021年3月25日之夜

形式主义为何屡治不绝

有一种报告方式叫“零报告”，近些年似乎比较常见。

上级对某项工作表示重视，要求下级每天报送情况，不管有无内容都要报，这就是“零报告”。在某些特殊时期，针对某些特殊问题，实行“零报告”制度有一定的合理性。但如果这种做法成了常态，不管什么事情，动辄要求下面“零报告”，就有可能变种为形式主义了。按笔者的肤浅理解，一般情况下，不报告不就意味着没事吗？既然没事，又何必多此一举，为了填一个“无”字而浪费大量人力物力？完全可以改为有事就报告、无事不打扰，让大家都节约时间和精力去干点正经事嘛。

形式主义似乎总是无孔不入。再好的想法，再新的创意，如果不注意，也会被形式主义整得走了样，最终种瓜得豆，事与愿违。所以，对于形式主义，可谓人人痛恨，但同时又似乎人人无奈，甚至可能人人都在自觉与不自觉地参与。

这些年我们也看到，上上下下花了很多工夫整治形式主义。然而，现实当中，我们还是普遍感到，形式主义花样翻新，有增无减，给生活带来的苦恼越来越多，对工作造成的干扰越来越大。干实事的时间越来越少，“务虚”的功夫越来越多。真要说起来，却是千言万语不知从何说起。

形式主义缘何屡治不绝？原因当然很多，责任也不仅仅在哪一头。

“懒政思维”导致的官僚主义，是形式主义的重要源头。某些形式主义的制造者缺乏实事求是精神，推行工作喜欢“一刀切”，不管是否符合客观条件，也不管效果到底如何，只知简单粗暴提要求。基层对此只能被动接受，没有“讨价还价”的余地，于是整出很多让人哭笑不得之事。比如，为了改善农村环境，上面提出一村建一个卫生室和农家书屋，可是忽略了由于城市化的发展，当今出现了大量空心村的现状，于是，在某些村，卫生室、农家书屋建好之后如何利用、如何管理，便成了一个现实问题。当然也有基层向有关部门反映过这种情况，但人家只管建设，不管使用，下面便无所适从了。就这让人想起一个段子：公路旁有两个人，一个在挖坑，一个在填坑。这样一直重复下去，路人看了不解，问他们在干啥。二人答："我们在植树。"行人问："怎么没看到种树就直接把坑填了？"他们说："我们本来是三个人干活，一个挖树坑，一个放树苗，一个填土。今天放树苗的请假没来。"你看看，人家只管自己手上的活，根本不看其他人的事。这就是形式主义的"幽默"表现，生活中比比皆是，细究之，多由不愿动脑或缺乏系统思维的"懒政"而起。

认知能力的缺失，汇聚了形式主义的滚滚洪流。很多人对何谓形式主义，缺乏基本的辨别能力，在认知上存在先天性的不足，于是造成形式主义泛滥成灾而不自知。这种人既有可能是形式主义的制造者，也有可能是接受者、推动者。对制造者来说，因为不知何为形式主义，无知者无畏，所以大胆高调地炮制形式主义推而广之。对下级来说，因为辨别不了某些做法是否妥当，所以面对形式主义不仅从没想过要设法抵制，还不遗余力一味迎合，甚至以为这样就叫"讲政治"。为什么"高级黑""低级红"的事情屡有发生？相当重要的原因便在于此。如果某个环节稍稍有智者指出问题，这样的"笑话"便可能戛然而止。这种"庸众之恶"，后果往往是很严重的，不可一笑了之。

不敢斗争的从众心理，为形式主义推波助澜。有些人面对形式主义，虽然知道其徒劳无益，但出于种种考虑（当然主要还是怕触动自己的利益），揣着明白装糊涂，不但不道破，还随波逐流，以致众人拾柴火焰高，把形式主义推向新的高潮。这种明哲保身的"聪明人"一旦多起来，即使有人站出来反对形式主义，只怕也很难打破那静得可怕的沉默。

只照别人不照自己的"手电筒效应"，给形式主义打开了另一扇门窗。有的人心里也痛恨形式主义，主观上也不愿意接受劳民伤财的形式主义，但当事情与自己有关时，特别是关乎所谓的政绩时，就不是那么说了，觉得形式主义拿来用一用也无妨。这就像有些痛恨腐败的人，一旦自己掌握了权力，便不知不觉喜欢上了腐败的感觉一样。于是，正当大家合力把形式主义堵在大门之外时，却没提防有人悄悄地开了个侧门或窗户，形式主义的幽灵还是潜入屋子里来了。

形式主义既然是顽疾，当然不会主动投降，自动消遁。唯有每个人都保持头脑清醒，坚持实事求是，力持公心正气，方能在最大程度上遏制它，让它不再那么猖獗。

2021年4月21日之夜

身处“淤泥”当如何

一个地方或单位的主要领导因贪腐问题“落马”，往往“拔出萝卜带出泥”，牵出若干名涉案下属。这个时候，人们便难免感慨：对于一个地方或单位来说，摊上一个正直的“一把手”是多么重要。而那些涉案人员，如果平时表现不至于太恶劣，当然是能博得一些同情的。

孔子说：“子帅以正，孰敢不正。”农村有一句老话则从另一个角度说：“上梁不正下梁歪。”正反两个角度，说的都是领头者的为人，对下属将产生什么后果。特别是对年轻干部来说，和什么样的群体为伍，跟一个什么样的“师父”，在很大程度上将影响他今后走一条什么样的路。

人在职场，我们或许可以选择单位，但几乎没办法选择领导。那么，如果不幸遇上一个品行不端的上司，或者进入一个风气不正的单位，是否意味着只能抱着“人在江湖，身不由己”的心态，无奈迎合、随波逐流，把自己的前途交给“命运”？

答案当然是否定的。如果身边的“大环境”不好，对个体来说，最佳选择，应当是以“出淤泥而不染”的决心，坚守底线，保持原则，而绝不能以种种借口为由迷失了自我。

在“淤泥”之中坚守底线，要有睿智的辨别力。很多年轻干部之所以不假思索“有样学样”，一是对某些行为是否妥当，甚至是否构成违纪违法缺乏理性的认识；二是对这些行为将导致什么后果没有充分的认识。分辨不出别人的“言传身教”正确与否，便难免“近墨者黑”，步入歧途，乃至同流合污，一损俱损。据《中国纪检监察》2021年第8期报道，四川省广安鑫鸿文化旅游投资开发有限公司原总经理宋小林多年前入职广安市前锋区建设局，验收工程收到第一个红包500元时，一度忐忑不安，看到同来的验收人员都非常自然地收下红包后，他还回到单位和同事讨论这个红包能不能收。结果同事们都不以为意，认为这是正常事，根本没人管。从此，宋小林怀着“大家都收，我也跟着收”的从众心理，对于老板主动送上的礼金来者不拒，一步步走向腐败的不归路。如果当初宋小林能认识到这种红包收不得，后患无穷，那么，即使身边人继续收，他起码可以独善其身，不受其害。可惜，很多干部就是因为像这样对纪法规定学习不够，对事物的发展趋势认识不够，心怀侥幸，无原则跟风，最终惹火烧身，悔之晚矣。

在“淤泥”之中坚守底线，要有坚强的定力。面对凭空而降唾手可得的好处，面对花花绿绿五光十色的诱惑，要一个普通人毫不动心，确实有点困难；尤其是对涉世不深、经济基础薄弱、渴望出人头地的年轻干部，更是难上加难。这个时候，“千磨万击还坚劲”的定力，就显得至关重要了。对凡夫俗子而言，“定力”也不是天生就有的，需要从人生价值的思索中而来，需要从艰辛生活的历练中来，需要从前车之鉴的教训中来。想明白了人生的价值何在，你就会对物质方面的欲望看得淡些。经历了生活的种种磨砺，你就会把“身外之物”摆在相对次要的位置。看过了别人因为心太大而导演的人生惨剧（特别是那些曾经风光无限，最后误了卿卿性命的人物），你就会知道唯有“走正道”才是真正的出路。权力面前，陷阱不断，只有不断增强定力，才能一路过关闯隘，实现人生旅途的精彩。说句不够“高大上”的实在话，在物欲面前，不妨抱着“知足常乐”的“保守”心态：宁愿走得慢一点稳一点，也不要贪一时之快，出卖良知与底线，为明天摔个大跟斗埋下伏笔。

在“淤泥”之中坚守底线，还要有监督约束的外力。光靠个人修为，时间久了，有的人难免在“淤泥”中沉沦，或者被越积越厚的“淤泥”埋葬。对“淤泥”这样的环境，需要正义的力量来干预。加强公权力的监督与约束，让某些“一把手”不能一手遮天、为所欲为，形成“淤泥王国”，这样才能解除广大干部的后顾之忧，尤其是让那些有良知、有底线的干部能够安心做事，不必患得患失。“清淤”需要制度的力量，同时也需要每一个向往净土的人共同努力。健康的政治生态是每个人的福气，真正明白了这一点，你就知道该做出怎样的选择。

“蓬生麻中，不扶而直。白沙在涅，与之俱黑。”环境对个体的影响无疑是巨大的。但是，只要自己内心强大，勇于坚守，即使一时遭遇不良“环境”，也可以做一朵“出淤泥而不染”的莲花。再说，人人皆环境，即使某些人制造的“环境”欠佳，也没必要跟风盲从。遏制私心杂念，坚持做好自己，让自己成为一个洁净的“小环境”又如何？

2021年4月28日之夜

宁为草芥不为藤

云南省教育厅原正厅级副厅长朱华山是个有心计的人。早年，他通过老乡关系，成功进入省委组织部部长秦光荣的圈子，从此，随着秦光荣升任省长、省委书记，他也节节高升，从一名副处级干部做到了正厅级。在家乡人面前，攀上了“高枝”的朱华山风光无限，自己也俨然成了“好大一棵树”。可惜的是，行不正，难长久，这个规律对朱华山是如此，对秦光荣也不例外。秦光荣倒台之后，朱华山的一大堆问题也随之水落石出，只能无可奈何跟随他的“靠山”一起蹲大牢去了，当然少不了留下“搞政治攀附，阿谀奉承，看似有利可图，实则穷途末路”的忏悔。（相关案情详见2021年4月28日《中国纪检监察报》7版）

“一荣俱荣，一损俱损。”这种以政治攀附为主题的大戏小戏，剧情套路向来大同小异。起高楼、宴宾客、楼塌了，大喜之后总是大悲，重复的故事见得多了，也许让你麻木得找不到感觉。

权力带来的好处太多，所以官场历来不缺搞攀附的人。不说过去，单说现在，像朱华山这样的人难道会是少数？某些在仕途上跑得飞快的人，也没见他干出了什么丰功伟绩，可人家过一段时间就动一下，三两年工夫就噌噌噌蹿到了高位。这种人，往往就是攀上“大树”了，明眼人一看就知道。可是在“运动”的过程中，他们又往往惹得部分旁观者艳羡不已。

人各有志，有些人喜欢活在人家的影子里，喜欢选择一条充满“刺激”的赌路，你怎么教育，他也未必听得进去，最后也许只好让生活来教育他。但作为旁观者，对这种事还是不可麻木，不可艳羡，不可效仿，当有自己的判断，有自己的立场，有自己的底线，以免有意无意被人带进沟里。

其实，那些热衷于攀附的人，只看到了眼前的好处，却从没算过大账、长远账。简而言之，这些人，并无真正的理想与追求，基本上还是物质人，谈不上“精神人”。他们只看到了一时的甜头，而没想清楚搞攀附将导致什么后果，如同飞蛾扑火而不自知。

搞攀附，必然丧失尊严。想起很多年前大学毕业即将参加工作时，曾有热心人士指点：“某某领导是你的老乡，赶紧去拜访他，可以进个好单位！”我少年不识生活艰辛，义正词严断然谢绝。在我看来，人生就这么短短的几十年，岂能让自己一辈子活在别人的阴影之下？如果选择了“拜码头”，就只能被他人的影子罩着了，今后不管你干得多好，人们都会指着你的背影说：“这个某某，还不是全靠某某某！”此事还未必算得上“攀附”，但为了不丢面子、不欠人情，我就偏不去拉这种关系。我一向认为，做人，尊严至关重要。一个人如果愿意出卖尊严，那还有什么事办不了的？正常的人，都不屑于这样做，所以这个社会才能有序进步。为了某个职位，把人格尊严都弄丢了，即使当上了那个所谓的官，人前看似风光无限，但背后人家会怎么评说？更何况，当得再大，总有退下来的一天。当你回归到普通人队伍，如果羞耻心还在，晚年是不是会为当年不要脸的行为感到后悔？当然，如果一个人“修炼”到毫无廉耻感了，那就无可救药了。对这种人，除了法办，别无办法。

搞攀附，更有风险问题。真正的好领导，“举贤达能，岂有私谢”，都是从工作大局出发选人用人，重德重才。可以这么说，凡是喜欢公权力私相授受，要下属搞人身依附的上司，都不是什么好货色。跟了一个品行不良的上司，能有什么好的结果？无非是，出事前，你成了他手上的一枚棋子，任其摆布，为其背锅，变成他的利益输送“搬运工”；出事后，不是“树倒猢狲散”，而是“树倒砸猢狲”，攀附之徒一个也跑不了。且看这些年查办的大案要案，哪个不是查了一人、倒了一帮？在我们身边，也不乏这样的案例：某些人几年工夫连升数级，做到令人叹为观止的级别，然后——然后就随着“大树”的倒下，瞬间被打回原形——准确地说，原形都没保住，把老本都亏光了。看看这些人的下场，就知道攀附的风险有多大，干这种事，实在不算什么聪明。

现在不是奴隶社会、封建社会，每个人都可以独立思考，站立生活。人和人之间，在人格上应该是平等的，哪怕是上下级关系，也当如此。那种建于利益之上的攀附，必定不可靠，迟早要出事。不管是攀附者和被攀附者，对此都要心里有数。一个人没到走投无路的地步，何必撕下脸皮去玩这种“赤膊赌”的冒险游戏？

人生的真谛是什么？一万个人有一万个答案。但不管怎么说，“行正道、求心安”应当成为共识。在大自然，我们看到，草芥虽然渺小，但它们随遇而安，活得真实自在，活得无牵无挂，无须患得患失；藤蔓虽然爬到高处，但那不过是靠了四处钻营寻求“支柱”而已，一旦它所依赖的大树出了问题，它也随即跌回低处，而且难免拦腰折断甚至连根拔起。人活一辈子，应当堂堂正正，清清爽爽，宁为草芥，不为藤蔓。活出自我，活出尊严，活出品位，才是真正的人生，才是有意义的生活。

2021年5月11日之夜

进步了还是退步了？

检查卫生这样的事，当然不是现在才有的。好多年前，某县流传过一个关于检查卫生的故事——据考证，确实是真人真事。说的是，县里开展创卫活动，创卫办主任亲自率领干部到各单位检查卫生。这主任行伍出身，文化程度不高，从基层干到县直机关，是个典型的直来直去的汉子。按照他的思路，检查的第一个目标，便是县委书记的办公室。敲开门，在办公室左察右看之后，觉得卫生状况不尽如人意，认为书记是全县人民的头，理当带个好头，书记办公室卫生状况不行，全县的卫生状况就难以好转，于是，当即在书记办公室门口贴上“卫生不清洁”黄纸一张，并郑重其事地提出相应的整改要求。

县委书记在县里虽然权威无限，说一不二，但面对这个坚持原则敢于较真的“二愣子”式干部，却也只能目瞪口呆，哭笑不得。伴随着这纸黄牌警告，这个故事在县里传了几十年，至今还有人津津乐道。

现在情况当然不一样了。县里又在进行新一轮创卫。依然成立了专门的机构，当然人员更多了，规格更高了，检查的频率也更密了。所不同者，现在的检查人员，对于领导办公室，要么免检，要么随便走个过场，绝对不会像检查其他办公室那样严格对标，更不可能门后桌底吹毛求疵。对于这样的事，干部们是不会要求领导“以身作则”的。

前后一比照，给人的感觉是，现在的干部比以前的干部“灵活”多了，他们智商高，情商更高，处理事情拿捏得当，处理的结果往往皆大欢喜（当然主要是在领导那里）。

区区一个小事，折射时代变迁。为什么会出现这种变化？细究之，大概不外乎这么几种情况。

一部分人有“权力崇拜症”，奉行“两个孙子”行为准则。在这种人心里，谁的官职大，谁就掌握了真理，对领导是必须绝对信任的，让领导不高兴是万万不可以的。身在职场，这种人习惯在领导面前当孙子，唯唯诺诺，唯命是从。当然，转个身，面对地位比自己低的人，他们又往往把别人当孙子，高高在上，颐指气使。这种做派，我们不妨将之称为“两个孙子”行为准则。靠着这一套，他们可能在官场左右逢源，节节高升，虽然丢了部分人格，但倒也换取到了自己所需要的东西，总而言之不会吃亏。

一部分人是精致的利己主义者，随时盘算着利害关系。和前者相比，这种人未必刻意追求“进步”，但他们知道，有权有位的人是什么时候都“得罪”不起的，否则很有可能给自己带来麻烦，让自己招致某些损失。为了自己方方面面毫发无损顺风顺水，在领导面前，他们宁愿放弃原则，改变立场，凡事只要对自己有利就行，什么大局不大局、正气不正气并不重要。

一部分人是沉默的大多数，没立场，随大流。这种人不“多事”更不“生事”，遇事从不做“出头鸟”，习惯“跟着走”。他未必有意“媚上”，也未必有更多的想法，甚至对很多事情连基本的判断力都没有。但他们并不傻，起码明白“适者生存”的道理，所以，在这样的环境中，他们永远不会有意见，领导说咋办就咋办。

不管属于哪种情况，不得不承认，他们都是“聪明人”。正是他们的“聪明”，让领导觉得，现在的干部更“懂事”了，能“来事”了，和当年的“大老粗”们相比，素质明显上去了好几个档次。领导们因此常常心情舒畅，工作愉快，甚至有时难免“任性”那么一点点。

只是，他们是聪明了，领导是高兴了，但对社会风气而言，却未必是好事。

如果这种现象成为社会主流，一则影响平等意识。规则面前，人人平等。现代文明社会，领导和群众不该一视同仁吗？按理说，对领导者的要求应该高于普通群众才对呀。可现在一个小小的检查，都要如此区别对待，谁还敢想着“平等”的事？可别站着站着又跪下了。二则有碍实事求是。领导身边存在的问题被有意无意忽略，这当然不是实事求是的态度。很多问题本来并不可怕（尤其在初始状态），提出来纠正了就好，并不至于“伤害”领导，现在你连提都不提，问题岂非长久存在？如此自欺欺人，最后倒真有可能坑了别人。三则破坏公平正义。成天想着给领导搞“特殊化”，没有特权也被整出特权来了。这种做法泛滥，相关的权力也将滥用，久而久之，公平正义必将遭到践踏。

合抱之木，生于毫末；九层之台，起于累土。别小看生活中的那些细微变化，这些小事若是任由它恣意滋长，哪天可能就“成长”为沉疴积弊，演变成某种难以扭转的风气，到时得费多少工夫来治理？也许我是杞人忧天吧，反正，每每想起类似检查卫生的一幕，我便不禁暗自瞎琢磨：面对这等事情，如果“聪明人”变多了，“二愣子”灭绝了，那么，这社会到底是进步了还是退步了？

2021年6月15日之夜

看病与监督

最近几个月，莫名其妙身体不适，各种问题不断，只好频频找医生。岁月不饶人，到了这个年纪，不复比当年啊。想想几十年来，平时遇到个什么病痛，基本就没去过医院，都是咬咬牙挺一挺，三五天最多十天半个月就没事了。哪像现在，短短百十天，把市里的主要医院都跑遍了。更有甚者，中途还因为一次偶发的肾绞痛，导致肠梗阻，住了几天院才把问题解决。

跑门诊，看不同专业的医生，吃各种中药西药，住院综合检查治疗，一路经历下来，身体尚未完全康复，感悟倒是收获了不少。尤其是在病房安静了几天，更是不禁将看病的某些道理与工作中的监督问题联系起来，觉得其中颇有相通之处。

有病不可讳疾忌医，还是要及时找医生，这样才可以早发现，早处理。身体不舒服，其实就是一个预警。但具体有什么情况，当局者迷，加上不专业，所以自己往往很难精准掌握。医生则不然，他们从专业的角度进行检查研判，也许很容易就发现了问题所在。问题发现得早，处理效果也就好，有时还可以防患于未然。比如前段时间遭遇了一次莫名发热，白细胞剧增，医生特意叮嘱每天关注体温。初时我还不以为然，后来才知如果体温总降不下，则可能有严重后果。专业人士可以从苗头性的问题看到事情发展趋势的多种可能，这起码可以为解决问题赢得时间。引用到工作中，道理其实也差不多。监督机关就是发现问题的，干部不要怕监督，更不必抵制监督。做工作难免出现这样那样的问题，也许自己发现不了，但让监督机关日常介入，平时多盯一盯，一些苗头性的问题就不至于发展成为大问题；有的问题虽然已经出现，但经监督部门提醒整改后，就不至于造成严重后果。所以，公职人员尤其是手上掌握了权力的人，应和监督部门多些交流，让监督常在，最好使问题消灭在萌芽状态，次之也可防止小错成大错。这就像我们生活中不妨多和医生交朋友，多听听医生的建议，避免一些有损健康的行为一样。

当问题比较严重时，硬扛是没好处的，该住院还是得住院。看门诊，可以解决一般性的问题，但不能解决较严重的问题。那次发生肠梗阻，起初去了几次门诊，医生只能开点药试试，结果无济于事，情况还是越来越糟。后来实在无法忍受了，医生说要住下来才能解决问题。住院之后，他们的办法就多了，这检查那检查，打针服药甚至动用器械，问题果然得到解决。我不禁感叹，门诊和住院，不就如同我们监督执纪执法的“走读式谈话”和“留置”吗？看门诊就如走读式谈话，谈完就让当事人回去，他没什么大问题倒也罢了，如果真有严重问题，当事人心里不当回事，未必坦诚对待，监督部门手段有限，深层次的问题就难以浮出水面。但采取了留置措施之后就不一样了，监察机关可以依法动用更多的手段（如同医院动手术什么的），不怕他问题隐藏得深。所以，监督执纪执法工作中要针对不同的问题采取不同的方式，靶向治疗，根除病灶。

经历了反复上医院的过程之后，下意识地对体检也更重视了。想想此前十多年来，总是把单位每年组织的体检当作交差，事后拿到体检报告也不认真看一看。现在才知道平时注意身体是多么重要，对检查的各项指标也比较关注了，对日常饮食、作息什么的也更在意了，还把一直没放在心上的幽门螺杆菌也给治了。这体检，不就正如工作中的巡视巡察监督，到了一定的时间，对相关单位进行一次全面的检查，举一反三，从而把潜伏的问题揪出？

医院去得多了，医生见得多了，便会感到，生病其实并没有那么可怕，只要没到特别严重的地步，还是有办法解决的。而且，一个人经历了病痛之后，往往能吸取教训，从此对自己的身体更上心一些，对健康问题更关注一些。只要正确对待，身体偶尔有恙，从另一个角度来说也不是什么坏事。放在工作中何尝不是如此？一个人经常被监督机关找一找，就会对纪法产生敬畏，时刻想着不能触犯，否则定有麻烦。倘若不小心出了点差错，被监督机关来一次“红红脸出出汗”，更是可能从此长了教训，倍加小心谨慎，防止越雷池半步。所以说，工作中有失误不是什么大不了的事，被监督机关请去“喝茶”也不必太紧张，关键是要能从中吸取教训，防止铸成大错。如此，对于既往的差错，大可放下包袱，调整心情，轻松前行。

2021年7月16日之夜

不以文采论英雄

时常在微信朋友圈看到“某某官员的某某讲话火了”之类的信息。转发者大夸特夸其文采如何好，立意如何高，思想如何深，等等，一惊一乍的，让人还没点开看，心头已先满怀虔诚，顶礼膜拜。有些媒体更是由此引申开去，深挖该名官员的既往讲话，高度评价其一向才华横溢，满腹经纶，文采飞扬，笔墨生香，让闻者无不心潮澎湃，热血沸腾，但觉美好的未来就在眼前。

每当遇到这种情况，我就忍不住考考那些热衷于转发此类信息的朋友：开封府最有名的官员是谁？结果，无一例外，大家都是脱口而出：包拯。再问：包拯的继任者是谁？很抱歉，这个问题似乎有点偏，几乎没人顺利答出。待我慢吞吞地公布答案：是个在历史上其实比包拯更有分量的人物——当时的文坛领袖欧阳修，闻者往往讶然不已，连连直呼“没想到”。

包拯与欧阳修作为同一个时代的人，单从二人的“硬件”来说，他们学历一样，都是进士出身（起码相当于“第一学历”是本科）；行政级别也差不多，多岗位历练之后都做到了枢密副使（大致算得上副国级待遇）。欧阳修死后，累赠太师、楚国公，谥号“文忠”。包拯死后，追赠礼部尚书，谥号“孝肃”。从二人身后官方给予的待遇来说，欧阳修明显高于包拯。至于说到“文采”方面，他们之间的差距就可谓天壤之别了：欧阳修是北宋开创一代文风的文坛领袖，那是万众景仰、当之无愧的全国作协主席，名列“唐宋八大家”之一，并与韩愈、柳宗元、苏轼被后人合称“千古文章四大家”。他多才多艺，是个典型的“多面手”：曾参与合修《新唐书》，独撰《新五代史》，又编《集古录》，还有《欧阳文忠集》传世，脍炙人口的佳作那是多得去了。而包拯呢，我怀疑他连村作协会员都不是，留下的著作主要是《包孝肃公奏议》，也就是些奏折、陈表之类的公文。这种以工作建议、汇报材料为主的文集，历代科班出身的高级干部几乎都有，虽不乏史料价值，但流传实在不广。

关于二人在文章与学问方面的差距，甚至连当事人欧阳修都这样评价包拯："素少学问，朝廷事体或不思"，"学问不深，思虑不熟，而处之乖当，其人也可惜也。"简直把人家说成没有文凭的大老粗一个了。

如此看来，若是比拼文采，包拯恐怕只够替欧阳修磨墨，相差何止一个档次。然而，作为开封府的前后任"一把手"，在民间，在老百姓的心目中，却是包拯的名气和影响力远远超过欧阳修。这是为什么呢？

原因并不复杂。因为在这个时候，老百姓看的是他们的官员身份，无关其他。作为"领导干部"，包拯虽然文才不咋地，但他的品行、政绩与做群众工作的能力，是同辈当中的佼佼者。看看他在历史上获得的评价就知道了。北宋名臣司马光说："向者仁宗时，包拯最名公直。"与司马光同朝的另一名臣刘敞说包拯："识清气劲，直而不挠；凛乎有岁寒之操。" 南宋大儒朱熹评价他"令行禁止，立朝刚毅"。包拯的老板宋仁宗也说："包拯公而忘私，不邀阴幸也。"廉洁公正、刚毅无私、体察民情、兴利除弊，这正是包拯千百年来高高矗立在百姓心目中的伟岸形象。对广大百姓来说，无论多少锦绣文章，都没法和这些相比。

"素少学问"的包拯获得千秋盛誉，这个现象至少告诉我们，"好干部"的评价标准不能拿错了，更不可与商界、学界、文艺界的评价标准混为一谈。百姓的期盼，就是"好干部"的努力方向。作为一名官员，致力维护公平正义、多为群众兴办实事，同时做到自身清廉，才能获得群众的广泛认可。

为官一任，当造福一方。从老百姓的角度看，你在一个地方或单位当领导，未必需要你有顶尖的专业，未必需要你有深厚的学养，也未必需要你有过人的才华，但你必须处事公道，有一颗公心，能够一碗水端平，公平公正地把大家的利益维护好；必须有直面现实解决问题的勇气与能力，把群众所急所想所盼的事情解决好；必须有不贪不占不以权谋私的觉悟与境界，把公与私的关系处理好。能做到这些，老百姓就很满意了，他们的要求真的不算高。

综观历朝历代那些深受百姓推崇的官员们的事迹，可见公道、实干、廉洁，此乃为官三要。至于文章多不多，文采好不好，口才棒不棒，等等，其实不重要。对官员而言，大可不必以“文采”论英雄。我们更应关注的是他做了什么，而不是说了什么；更需要点赞的是他的实绩，而不是他的华言。

2021年8月10日之夜

下辑

心游万仞

可以没钱，不可无信

至今记得当年在报社上班时的一幕。那天，隔壁办公室一位同事匆匆跑进来，对我办公室的另一位同事说："你看到王某某没有？他刚刚进了我们这栋楼，我在楼梯口碰到了。"还没等这位同事反应过来，隔壁办公室的同事又说："王某某这些年到处问人借钱，每次都说一个月之内就还，但从来没见他还过。等下可能会来问你要钱，千万别理他！"

原来，这位王某某，是我这两位同事的老相识。其人因多年前沾染赌博恶习，负债累累，然不思悔改，仍到处借钱参赌，指望某日打个"翻身仗"。知道其底细的人，再也不肯上第二次当，纷纷拒绝借钱给他，而且像躲瘟神一样避着他。

果然，没过多久，这位王某某敲开了我们办公室的门。在和我的同事寒暄几句之后，王某某"图穷匕见"，露出借钱的真面目，并强调自己只是"周转"一下，一个月之内必定还上。已经得到"预警"的同事当然没有让他如愿。王某某只好悻悻地离去。看样子，当日他已跑了多个地方，向多人开过口，但终究空手而归。

显然，王某某已经因为借钱不按时还（甚至根本不还了），把自己的信誉丧失殆尽。这样的人，时间一长，基本可以肯定，一个朋友都会留不住了。做人做到这个地步，真是让人悲从中来，嗟叹不已。

信誉比金钱重要。一个人囊中羞涩，并不是特别可怕的事。当今时代，即使面临再大的经济困难，我们也要相信，一个正常人不可能长期没钱。就算你的家底再薄，改变贫穷也不是多大的难事，只要愿意动用智慧，付出劳动，做到衣食无忧是没问题的。但一个人如果失去诚信，要想重建信誉，这事可就难多了。江山易改，秉性难移，谁会轻易相信一个说谎成性的人能变老实呢？

话虽这样说，偏偏有许多人却越来越不把信誉当回事。留心便会发现，企业无信、个人失信现象司空见惯，甚至常常被媒体曝光；而关于惩戒失信行为，构建诚信体系的呼声更是不绝于耳。

现实中，我们都难免失信于人。其中很多时候是无心之过，虽然没有造成什么直接后果，可在不知不觉当中，却可能让人改变对你的看法。所以，对这种“无心之过”，也不要太不当回事。

举个例子吧。我认识一位某君，接触过几次之后，对他的印象挺不错。有一次，几个朋友小聚，此君突然告诉大家一个好消息，说自己最近双喜临门，职务职称双双晋升，一个月的硬收入增加了一大截，更重要的是对今后的发展充满信心。此君慷慨激昂地说，这个周末，我请大家到我老家乡下好好玩一次！大家欣然答应，同时为他的进步而高兴。到了周末，朋友们自然把其他一切安排都取消了，只等此君来电。然而，让人不解的是，整个双休日过去了，此君一点音讯也没有，谁都没接到他的电话！而且，到后来再见面，此君也没给任何人一个解释。看样子，人家根本没把自己说的话当回事，是我们太自作多情了！此后，此君再说别的什么，我只是“姑妄言之，姑妄听之”，权当耳边风罢了。

此君肯定没想到自己的“光辉形象”因为一次“随意表态”而黯然失色。我却由人及己，以此为鉴，时时提醒自己尽量减少这种“无心之过”，以免被人小看了还不自知。

至于那些为了些许蝇头小利，刻意欺骗他人者，影响就更恶劣了。纸包不住火，一个人不可能长久地骗倒全世界的人，只要被人识破庐山真面目，你还能有什么市场吗？如此不把珍贵的信誉当回事，用它来换取廉价的物质，你以为自己真的赢了吗？

失信不是孤立行为，它还可能让人互相传染，形成群体效应。一种情况是，一个人骗了别人，容易导致连锁反应，使其他人也不再把诚信当回事。另一种情况是，如果你个人把失信当作习惯，将影响别人对你整个家庭的评价；如果同一个地方或单位的多个人失信是常态，则将影响一个地方、一个群体的整体社会评价。我们常听人们议论“某地人不可靠”，不就是因为当地出过几个有点影响的骗子、“老赖”吗？结果，几颗老鼠屎硬是把一锅汤给毁了。所以，失信未必是“个人私事”，旁人不要以为“独善其身”就够了。为了避免自己被感染或受“连坐”，一旦发现某个人言而无信，我的做法是立即疏远他，如果情节严重，甚至可以断交。

人无信不立。一个人不把诚信当回事，则其一切都不再可靠。曾经听过这么一句话：“健康是1，财富、感情、事业等等是后面的0，如果没有这个1，那么一切都不将存在。”在此不妨套用一下，信誉在能力、智力等诸多因素面前，也相当于“1”，其他则是后面跟着的若干个“0”。如果你把这第一个数字从“1” 变成了“0”，那么，后面加再多个“0”，终究还是等于“0”。

所以，我们要常常记得，人和人交往，可以没钱，可以无能，不可失信！

2014年10月7日之夜

不知沙县小吃，无须惊愕

广州市委书记万庆良落马后，媒体纷纷炒作其在位时的种种“笑话”。其中有个情节是，有一次，万庆良听下属说刚刚打掉了一个非法控制沙县小吃食材供货渠道以牟利的暴力团伙，竟问：“什么是沙县小吃？”令在场者惊愕万分。

凭此，人们给了万庆良一个“不食人间烟火”的“美名”。时评写手们更是找到了一个绝佳的写作素材，一时各种“高论”充斥媒体。比如，有人认为万庆良不知沙县小吃，是“生活优越、独居高台，不知民间疾苦，不知普通人怎样生活、怎样过日子”，“其实是一个眼睛向哪看的作风问题、思维习惯问题”（李劭强《“不知沙县小吃”折射的官念异化》，新华每日电讯）；有人认为，“一个小小的沙县小吃折射出了官与民的断裂。这种断裂不是偶然的，其中既有部分官员权力滥用、权力腐败的原因，也有诸如连个沙县小吃都不知道的荒诞所造成的心理距离的拉大而形成的断裂。”（石敬涛《“不知沙县小吃”不仅是个笑谈》，载《扬子晚报》）；还有网友在博客上写道：“不知道沙县小吃为何物实在是件匪夷所思的事。”“注定将成为另一个坐实万庆良脱离群众、骄奢淫逸的例证。”“在某种意义上，不知‘沙县小吃’不只是万庆良个人的耻辱，更是某种扭曲的官场风气下的必然产物。”在某些媒体的推动下，“不知沙县小吃”成了全国热议的话题，还有很多人甚至将之与“何不吃肉糜”的典故联系起来。

我却觉得，万庆良不知沙县小吃，并没什么大不了的问题，其实无须惊愕。

沙县小吃是什么？说起来可能又要让一些人笑话了：在下也是只听说过其名，却根本说不出它具体是什么东西。知其名，是因为我所居住的低档小区附近有一排小吃店，其中就有冠名“沙县小吃”者；但由于本人既要晚睡晚起又得准时上班，几乎没时间到店里去吃东西，这么多年来的早餐都是简单得很，所以，只见过其招牌，不知其内容。

我只是一个普通职员，而且来自人民大众（至今依然坚定地站在人民大众当中），尚且因为种种原因无法光顾“沙县小吃”及其他各种各样的小吃店，无法知其详情领略其风采。万某人乃堂堂副省级领导，他没时间了解“沙县小吃”，没接触过“沙县小吃”，有什么值得大惊小怪的？

当然，如果“沙县小吃”是广州市的主导产业，或是广州市民每天必不可少之物（如大米、蔬菜、自来水、公交车之类），与广大人民群众生产生活息息相关，那么，其作为一地之主官，竟然连听都没听过，那是完全说不过去的，那是的确要让人“惊愕万分”的，那是的确该被舆论大批特批的。可是，“沙县小吃”显然不是。

或者说，作为一地之主官，如果不知当地年度GDP、财政收入多少，不知当地户籍人口、常住人口几何，不知当地辖区面积、城区面积多大，不知当地产业布局、资源优势如何，那也是要让人“惊愕万分”的，也是应当遭到口诛笔伐的。可是，我们没听到万某人这方面的故事。

所以，上述“万分惊愕”之说，实在缺乏合适的理由，与“何不吃肉糜”之类更是扯不上关系。光是不知“沙县小吃”，未必会让一个官员铸成大错，也未必能证明一个官员是否称职。可是，“万分惊愕”还是成了见诸媒体的说法，还是被人们津津乐道，这又是为什么？

在我看来，对这种事情一惊一乍，只能说，在很多时候，一些人的思维方式让人感到惊愕。这时，我们恐怕有必要想想这几种情况——

我们是不是太习惯于先入为主，以偏概全？因为万某人成了落马人物，便“主题先行”，以点代面，想当然地认为他说什么做什么都显得可笑，因而看他什么都不顺眼。却不知，在没有弄清楚前因后果和具体语境的前提下，先假设一个结果，再来推论过程，这本身便是荒诞的。

我们是不是太习惯于求全责备，纠缠细节？对一个官员，就希望他什么都懂，什么都会，什么错都不犯。对一个世界冠军，就希望他十全十美，全面发展。一旦有某个地方（基本是无伤大雅的地方）不如你想象中那么完美，立马来个全盘否定，攻其一点，不及其余。比如，两年前的伦敦奥运会上，中国选手叶诗文打破世界纪录，获得女子400米个人混合泳冠军，却因接受记者采访时不善言辞，被人批为“训练机器”，便属此类情况。

我们是不是太习惯于非此即彼，上纲上线？因了这种思维，看问题总喜欢走极端，把问题根据需要无限放大，于是，“英雄人物”身上的缺点也是闪光可爱的，“反面人物”身上则肯定一无是处。于是，发生在同一个人身上的同一件事，其人形象高大时，你们对他的一切都尽量往好处想，结果自然是好评如潮；其人一旦沦为失败者，则他所做的一切都被倒过来看，终呈“墙倒众人推”之势。说穿了，还是“成则为王败则寇”那一套。

以上种种，只是随便举例，更多的原因就无法细表了。当然，我说这么多，并不是为一个落马贪官辩护。贪官落马绝对是让人拍手称快之事，对我们普通百姓来说，其中的种种细节，该愤怒的愤怒，该惊愕的惊愕，该高兴的高兴（最终天网恢恢，伸手必被捉嘛），但“莫名惊愕”之类还是免了吧，看问题还是远离情绪化、保持理性为好。

2014年10月21日之夜

手表与时间

在公园散步，听到两个老板模样的人正聊着各自的手表。一个举起左手说，花了20多万元的手表，时间竟然不准。另一个昂然自得地说，最近在香港看上了另一款手表，刚把那个戴了半年的换了，才花七八万。

我这人一向平庸，在什么行业都当不上“代表”，这么多年甚至连手腕上也没有戴上表。两名成功人士所说的手表，恕我孤陋寡闻，那时连名字都没听过，当然也就记不住；更重要的是，我还麻木得对此不以为然，连一点心动的感觉都没有。

这年头，手表本非稀罕物，我不关注它已多年。只是，由于前两年陕西出了个杨达才，我才知道了手表还有这么多名堂，这么多讲究，而且还能让一个人出大名，出大事。事情说起来大家都不陌生：2012年8月26日，陕西省延安市境内发生一起特大交通事故，陕西省安监局局长杨达才在事故现场脸露微笑，被人拍照并传上网络。接下来，他的左腕被好事的网友们盯上了，他们陆续搜出了杨达才在不同场合佩戴的不同名表。后来有消息称，杨达才被查出拥有名表至少83块。就这样，一个错误地点错误时间发生的微笑，使杨达才成了名扬天下的“表哥”。当然，他的其他更严重的问题随之浮出水面。从某个角度来说，这简直就是一只手表引发的大案要案。

有了“表哥”，当然就还会有“表嫂”“表叔”“表婶”之类。一时间，官员公开亮相时，左腕成了重点保护部位，给民间平添无数笑料谈资。

在下出身“草根”，长期生活在“草丛”中，对于名贵手表的滋味，别说品尝，就是想象也难，实在无法体会它到底有多少妙处。学生时代是戴过电子表的，如果没有表，就搞不清时间，上课便要迟到。电子表外表笨拙土气，但极其便宜，在地摊上三五块钱一只，很受乡下人的欢迎。俗话说“便宜没好货”，电子表的时间当然不是很准确，但对我来说，要求本来就不高，这点误差还是能接受的，只要大致知道是什么时间就行，反正早几分钟起床、早几分钟进教室也没什么大碍。那时的生活单调，时间有的是，闲着也是闲着。

自从十多年前有了寻呼机，我就再也没戴过表了。寻呼机有时间显示，对我辈普通职员来说，戴表已是多此一举。我素来怕麻烦，喜欢轻装上阵，身上能卸下的负担当然毫不犹豫地卸下。寻呼机被手机取代后，看时间更方便了，手表对我来说就更是用不上了。至今，手机仍完全能够满足我了解时间的需求，所以，在今后一个时期，我估计还是没有戴表的想法。

当然，这只是我的习惯，万万不可由己及人。也许，别人因为习惯问题，因为身份问题，因为工作性质问题，不能只依靠手机掌握时间，还需要使用更精确更方便的手表，那也是正常的。否则，手表也要成为历史名词了，世上又将消失一项产业。

弄不懂的是，一个人为什么要拥有那么多手表。几十只手表，难道它能给你增加几十倍的时间？表再多，手腕上也只能戴一个，总不能每个手甚至脚上都戴上吧？修手表的也不至于如此吧，那只能是“等我有了钱”的土豪式调侃。

手表再多，时间只有一种，时间总量不变。就好比有人说的，当再大的官，发再大的财，一日只能吃下三餐饭，睡上一张床。

手表越贵，时间是否越准确，我就不敢妄下结论了。但从前面所说的某老板花20多万元买的表时间仍不准来看，价钱与精确率未必完全成正比。如此说来，追求表的身价，也未必十分有必要。

话虽如此，可为什么现实中却偏偏有这么多人热衷于手表问题，成天花着那么多的心思琢磨这么个事？只能说，这个时候的手表，已经和时间基本没有关系了，其理和古时买椟还珠倒或许有相通之处。对这些身怀“表癖”的人来说，哥拥有的不是手表，而是物欲、虚荣、浮华……

恕我愚钝，在我的思维中，手表只是用来了解时间的一种工具，仅此而已。离开时间说手表，我实在提不起兴致，也实在无话可说。

2014年11月19日之夜

你是不是想多了

在一个QQ群，看到两个网友无意间掐起了架，而且放出的话一句比一句狠。事由其实很简单，网友甲首先在群里对自己的某次遭遇大吐苦水，大发感慨。就在这当口，网友乙顺手贴上了一则饶有趣味的网络段子。没想到，网友甲把它当成跟帖看，认定网友乙是含沙射影、幸灾乐祸，是在嘲笑挖苦自己，于是话锋一转，对网友乙进行义正词严咄咄逼人的诘问。网友乙表示莫名其妙，表示满脸无辜，一再解释自己并没看到网友甲上面那段话，这个段子是刚从别的群里看到的，觉得好玩，便顺手转过这边来与大家同乐。网友甲当然不相信事情就有这么凑巧，不依不饶，穷追不舍，口气越来越严厉越来越愤慨。结果，网友乙也粗暴起来了，一时间，唇枪舌剑，你来我往，其他网友想劝架也劝不成。

作为旁观者，不难看出这纯粹是一场误会：网友乙和网友甲无冤无仇，犯不着揭人伤疤惹火上身；再说，这个段子，单独来看，的确饶有趣味，如果不是网友甲将之与自己的境况联系起来，别人匆忙之间只怕很难产生这么多联想。

旁观者清，当局者迷。网友甲之所以生气，原因也许就是他作为当事人，比别人更敏感一些，因此，面对同样的文字，比别人多想了那么一点点。

偏偏许多事情，多想一点，情况就大不一样，结果也就千差万别。

在处理人际关系时，人们常常感叹“做人难，人难做”。是的，人和其他动物不同，人是有想法的动物，而且想法很多，很丰富，也可能很精彩，每个人的想法还往往不一样。世间万物总是有两面，这想法一多，有时是好事，有时则未必。

生活中的许多事，比如东家长西家短之类，想得太多，结果可能是无端忧虑萧萧下，不尽烦恼滚滚来。纠结一顿之后，冷静下来反思，连自己也觉得大可不必如此。上述两个网友之间的掐架，不就如此吗？最后，不欢而散时，他们居然不约而同发出了相似的喟叹。

面对这种口舌之争、说长道短，有的时候，我们不妨先问问：自己是不是多心了？事情真相不见得是这样吧？

说来也巧，就在前不久，我也亲历了一件可多想也可少想之事。那天，偶遇一个熟人，东拉西扯一顿之后，他向我提起A君，问我对他的印象如何。我说，A君，不错呀，学问好，而且为人谦和，我们都很尊重他。这个熟人却欲言又止、吞吞吐吐地说："可是，我却听到A君在背后说你的坏话！"将A君在某时某地对我的议论转述给我听。换了很多年前，我可能火冒三丈，说不定立马宣布和其人断交。可现在，经历了岁月的洗礼，见惯了人世的风雨，我听了很坦然，甚至连生气的想法都没有。我对这个熟人说，第一，说话要看语境，我不在现场，仅凭这几句"批评"，无法准确判断A君的真实意思表达；第二，这几句"批评"之语当中，有一些是比较客观中肯的，比如"性情急躁，脾气欠佳"，这完全是我的真实写照嘛，所以还不能认定是人家说你的坏话，也许是一种善意的批评呢；第三，即使A君有些说法夸张了些，与事实有出入，也未必等于他在故意贬损我，或许只是他对我的了解还有着差距；第四，再退一步说，谁人背后不说人，谁人背后无人说，这种事情，所谓"说的说，听的听，事后都是一阵风"，没有那么复杂，你我都不妨一笑了之，不必想得太多。

可不是嘛，对这样的事情，如果你非要追根问底，挖出所谓的"真相"，那得费多少劲？即使最后弄明白了，不管属于哪种情况，又有多大意义呢？事实证明，我以平常心态看待这种事情是明智的，后来遇到A君，但觉一切正常，双方并无"心存芥蒂"之感。

有一种生活态度叫"难得糊涂"，很多人比较奉行，常常吊在嘴上、挂在墙上、记在心上。这四个字当然不是绝对真理，关键还是要看放在哪方面。对于人际交往中的那些琐事，我看倒是大可如此，无须想得太"深入"，不如留几分"糊涂"。碰到这种情况，如果对自己先问上一句"你是不是想多了"，也许，可以消解很多误会，省却不少烦恼。

2014年11月28日之夜

保留一点简单

有朋友屡次劝我换手机，并热情地推荐过多种款式，我却始终不为所动。是的，所用手机从外表看，块头不大，模样土气，的确落伍了。可小有小的好处，至少携带方便，随时放在裤袋里不显累赘；更何况，这款手机的电池相当耐用，不必老是操心充电的事，连备用电池也免了，多省事。至于功能，对我来说，手机只要能接打电话、收发信息就行了，其他如上网、炒股、视频、微信，等等，我真心不想要。

在这个“移动互联网时代”，世界瞬息万变，新事物层出不穷，若以这个角度而论，我的确是跟不上形势了。也许，我会成为世上最后一个不用手机上网、最后一个没有开通微博微信的成年人，可我并不惭愧，也不着急。电子产品再有吸引力，整出再多的花样，在我面前也没辙，它充其量只是一个工具而已。这些年，由于用眼过度，眼睛被电脑毁得差不多了，为了争取多看几年书，多写几个文字，我尽可能不亲近人人所爱的“移动互联网”。除此之外，另一个重要原因是，我一向不喜欢把生活搞得太复杂。

据说，生活中有一种“反潮族”，不赶时髦，坚守传统。对此，我只是听说过，在自己身边还没发现这种人。完全的“反潮”未必需要，但适当“反潮”的话，我倒是愿意做一做。有可能的话，我也希望自己能够在日益纷繁复杂的生活中顽强地保留一点简单。

简单的生活，有时还真让人回味。

不禁想起去年在山区农村搞调研时，寄居农户家的一幕。户主老庄告诉我，大门的钥匙，就放在门口的鸡笼下，如果他们出去忙活了，我自个儿取钥匙开门就是。这就是纯正的农村！小时候我在乡下生活，不也是如此吗？家里的钥匙不可能人手一把，谁外出时把门锁了，把钥匙放在门槛下或窗户边即可。家家都是如此，却从没听说过谁家因此失窃。现在的城里呢，防盗门不断更新换代，科技水平越来越高，可基本没听说哪户人家因为门锁质量太过硬而拒盗贼于门外的，倒是盗贼们破门而入无往不胜的事情听得多。

又想起约三十年前读初中时，在一份报纸上看到一位作家从澳大利亚回来后写的游记。其中有个内容，说澳大利亚是没有围墙的国家，无论是公共场所还是私人住所，都是如此。因为这个国家社会保障好，失业了可以领取足够生活的救济金，根本不需要做小偷。当时，住在乡村的我很是“小农意识”地算了一笔账：不建围墙，可以省下多少砖头、水泥，难怪人家这么富裕呢！现在想到的则是，不建围墙，瞧人家的生活，就是不用想得太复杂！

我们常常开玩笑说，有钱的人烦恼多，没钱的人反而更快乐。其实，从某个角度来看，这话也不完全是调侃。有钱的人，生活内容丰富多彩，这也想玩，那也想要，拥有的财富、机会、人脉太多，而一个人的时间、精力有限，如何处理各种关系，有时难免患得患失，莫名烦恼。而没钱的人，只要一日三餐无忧，往往不会有太多的苦恼，除非他有不切合实际的想法。

有个故事说，一个富翁来到沙滩上休闲，看到一个穷人躺在那里晒太阳。富翁教育穷人，不能这样子生活，而应抓紧时间努力干活，这样才能挣到好多钱，才能住上好房子，才能过上好日子，才能受到人们的尊重，才能有时间到沙滩上晒太阳……穷人一脸茫然地说：我不是已经在这里晒太阳了吗？

穷人的想法也许简单了些，可他同样在快乐地晒太阳，甚至已经晒了多次，这是不争的事实。所以，我们为别人着急的时候，不妨想一想，也许人家压根儿没把事情想得那么复杂，只要日子能过得下，就感到很满足很幸福呢？

几十年前曾经流行一句话：平平淡淡才是真。那时年轻，不懂它的深意。现在回过头来看，生活还真有那么点意思。追时髦、赶潮流之类的事，完全没必要强求。只要你内心平静从容，保留一点简单又何妨？你无须为此感到可耻、“卑鄙”。也许，“风水轮流转”，三十年河东、三十年河西，什么时候生活的“时尚”又兜圈子一样回到崇尚简单的年代呢？

2014年12月2日之夜

何时告知原因

“×月×日，××街××小区发生火灾。大火燃烧×小时，造成财物损失××万元，经消防人员奋力扑救，灾情得到控制。目前，火灾原因正在调查中。”

这是常见于媒体的事故报道模式之一。类似的，还有工地塌方、汽车相撞、桥梁倒塌、无名氏坠楼等等，记者在文末，总是忘不了带上一句“事故原因正在调查中”。

因为职业习惯，本人长期认真看报。然而，很失望的是，许多事故，虽说“原因正在调查中”，但我等了多时，媒体却最终没把事故原因告诉大家。

这种报道之所以有头无尾，也许是媒体觉得事情已经过去，没有必要继续跟踪原因；也许是写稿的记者出于习惯思维，“顺手”写上这么一句，其实他当时就没打算再写“后续报道”；也许是某些部门有难言之隐，认为“原因”实在说不出口；甚至还有可能，事后根本就没有谁继续调查所谓的“原因”，事情也就无从说起……到底是什么原因导致“下文”缺失？不一而足，不得而知。

不管是哪种情况让你无法了解“原因”，也不管别人是否关注事故原因，我总觉得，此类事件，“原因”比“事故”还重要。而不告知公众原因，至少反映了媒体和有关部门存在这么几种问题——

习惯于按部就班，不习惯主动作为。事故发生了，记者接到了群众的报料或领导分派的工作，需要完成发稿任务；有关部门则认为事故遮也遮不住，瞒也瞒不了，现场情况，当然是需要告知公众的。于是，当时把情况及时发布了，而事后，反正没人直接追问，写稿任务、事故处理任务已经完成，也就“多一事不如少一事”，不管公众是否想知道原因了。这就是人们常说的“指一指，拜一拜”的作风，上头没要求，能不做的就坚决不做。

习惯于就事论事，不习惯举一反三。一起事故就是一起事故，当时是什么情况，就告诉你什么情况。至于这起事故是否还有别的教育意义，对类似地方还有什么提醒作用，人们是否还想知道它的前因后果或者别的什么内容，对不起，这不是我考虑的事——我也根本没想这么多。

习惯于头痛医头脚痛医脚，不习惯追根溯源治标治本。本起事故处理完了，我们的工作就宣告完成了。至于事故原因还有多少可以挖掘的因素，可以找出多深的病根、多普遍的问题，能否从制度层面、长效角度彻底解决问题，这不是本次事故需要归纳总结的，留待以后发生更大更严重的事故时再说。

更重要的是，这种有头无尾的报道，说明我们虽然身处信息时代，虽然天天讲着信息公开，但在潜意识里，还是习惯让信息“体内循环”，不习惯面向公众，敞开大门。在某些公职人员的认识当中，情况只需要报上级，而无义务告知群众，不管这信息是否对群众的生产生活有多大的指导意义，不管群众是多么地渴望知道得多一些。说白了，还是“对上不对下”的思维、作派。

这就难怪，每每有重大事故发生，民间总是众说纷纭，其中不乏夸大其词、荒诞滑稽甚至风马牛不相及的内容。这就不难理解，为什么随着时空的转换，人们经常惊讶地发现，同一种事故又在某时某地“真实”地再现了……

信息时代，不涉密的事故原因，非常需要向公众公开，以免在群众当中产生各种不着边际的猜疑，导致某些不必要的麻烦（如果到这个时候才无奈地被动公开，事情肯定很棘手了），甚至重复上演相似的悲剧。要知道，对普通群众来说，安全事故的过程他们可以不关心，但对导致安全事故的原因却肯定更关心（即使有人不关心，我们也要尽力引导他关心才是），因为它更有可能和自己的切身利益相关。而这，也恰恰更能充分体现新闻的“有用性”，使新闻不仅仅成为一种即时消费的信息。

2014年12月9日之夜

“享受猪肉二斤”

读了梁衡先生的一篇短文《享受岂能是头衔》（载2014年12月8日《人民日报》4版“人民论坛”专栏），感到很是痛快，忍不住顺着这个话题“画蛇添足”，也说上几句。

梁衡先生批评的是某些享受国务院特殊津贴者，把这“津贴”当作终身夸耀的资本，动不动就挂在嘴边，印之名片，显于报章，生怕人家不知道。梁衡先生认为，“区区津贴，念念不忘，也要挪作虚名，非知识精英之所为。”最有趣的是，他还举了个事例揶揄今日某些“知识精英”：自己当年在基层当记者，县里重才，特批给一些老教师每逢重大节日可享受二斤猪肉的供应，“但我从未听到过哪个教师自我介绍：享受猪肉二斤。”

享受国务院特殊津贴者，我也见过或听过不少。这个概念到底有多重的分量，身在“草丛”的我辈是弄不明白的。以前，当然也对这种头衔刮目相看，肃然起敬。直到后来，看到当年的同行当中，有人年纪比咱长了不少，晒出来的业绩却似乎连咱都不如，居然也享受了这个待遇，于是崇敬之情下来了，自信之心倒是上去了。

梁衡先生是见多识广的名家，自然有相当的权威性。现在，由他来揭开虚名的盖子，当然很有说服力了，也让我原先的某些认识得到了证实。而“享受猪肉二斤”的妙喻，则让人忍俊不禁、大呼爽快之余，又觉得意味深长、回味无穷。

由此想到，类似的现象还有不少。比如，某些专业技术人员在介绍自己的职称时，非得加上“国家”两个字，于是一亮身份就是“国家一级ＸＸ家”“国家二级××师”“国家三级××员”，看起来硬是比别的专业技术人员更有来头。其实，职称本来只是个普通的称呼而已，这些行业和其他行业的职称评审相比，并无特别难能可贵之处，都是由相应的机构分级评审，正式的称呼当中也不见“国家”二字——要说的话，大家的职称都是由相应机构代表国家评定的，不可能是自封的。大家知道，新闻采编系列的中级职称，分别叫“记者”“编辑”，由此，我曾和新闻界拥有中级职称的同仁们开玩笑：你们怎么就这么低调——按某些人的做法，完全可以自我介绍为“国家记者”“国家编辑”嘛，这样听起来多响亮！

还有的人，则把某些实在谈不上什么技术含量的荣誉称号随身携带，每逢有机会在公共场合或报章露脸，必先大张旗鼓隆重罗列一番。我一直认为，当今是奖项泛滥荣誉贬值的时代，同行中人，哪个不知道某些“荣誉”是怎么回事？有时出于某种需要，评了就评了，但千万别太自以为是就行，更别误认为自己拿了个红本子就真是本行业甚至全国最优秀的了，那可是要闹笑话的。不信你看看，谁的抽屉里没有一大沓五花八门的证书。

你看，区区一个职称，人家就要故弄玄虚，搞出这么大的“谱”来；一个“排排坐，分果果”式的“荣誉”，也要煞有介事拿来唬人。由此看来，梁衡先生所说的那些基层教师是多么实在，那可是物质匮乏年代的二斤猪肉呀，换了我们现在所见的某些人，非把别人的大把口水诱出来不可，不但要见人就说，恐怕还要突出强调享受的是“猪的猪肉二斤”呢！

成天把虚名吊在嘴上，变着法子把寻常称呼整出不一般的调调，除了其人向往虚荣或者孤陋寡闻实在没见过什么世面，还和人们“认人”的思维有关。对许多人来说，认识别人看什么？主要还是看头衔。我们太相信头衔了，一看“来头大”，就不由自主地奉若神明；如果没有那些“高大上”的头衔，则往往不把其人当回事。这和古人只看衣冠不看人是一回事。社会发展到今天，衣冠已很容易混淆了，于是，某些人转而把心思花在包装头衔上面。

本来，人家借个虚名显摆一下，博得几句赞美，混个上席坐坐，我们尽可一笑了之，别把他当回事就行了。可现在看来，这事似乎还不是这么简单。扬雄说：“羊质而虎皮，见草而说，见豺而战，忘其皮之虎也。”你看，披着虎皮的羊，骨子里还是看到草就高兴，看到豺狼就害怕，人家还是心虚的。可现在那些欺世盗名者呢，却仗着自制的虎皮，真把自己当个老虎，目空一切，招摇过市，或带坏风气，或趁机牟利。面对如此没有自知之明或别有用心者，为了让社会多几分真实，让世人多几分清醒，我想，像梁衡先生那样适时扒下他们的虎皮还是有必要的。

2014年12月15日之夜

攀登的乐趣

接到江西日报副刊柳易江主编的通知，说我的杂文《抄袭者居然有“群众基础”》获得第三届“井冈山文学奖”。我的第一反应是：有这等好事？尽管本届“井冈山文学奖”候选篇目公示时，我也看到拙作忝列其中，但想想《江西日报》“井冈山”副刊一年要刊发多少优秀作品，而且它的作者来自五湖四海，平时读报便发现，那可是经常有全国杂文名家光顾的地方，我辈无名小卒，能够进入“候选”已经是享受“阳光雨露”了，实在不该作非分之想。所以，这事对我来说，确实意外得很。

回想起来，业余写杂文，已经20多年了。从在乡下读中学开始，我就一直在这条路上摸索着。参加工作后，先在一家地方报社干了十五年，不管是当编辑还是当记者，不管是做新闻还是做副刊，从来没间断过杂文写作。到后来，改行进机关，先后换了两个单位，尽管事务比以前繁杂，也没停止过写东西尤其是写杂文。我想，只要还有写作能力，这个业余爱好是会一直坚持下去的。

作文如登山，过程虽然不乏艰辛，但更本质的滋味是其乐无穷。发表、获奖、出书、研讨等等，都是一座座各有特色的山峰，让你领略不同的风光，享受不同的乐趣。从中学时代在《河北日报》教育版发表第一篇当作杂文来写的稚嫩的豆腐块，到登上《江西日报》文艺版以及《杂文报》《杂文月刊》《杂文选刊》《人民日报》等“新高地”，再到出版十几本不成熟的集子，每一次“突破”，都能收获一份喜悦，而这一次次喜悦又转化成一次次动力，激励着自己继续前行。

在众多的报纸副刊中，《江西日报》的“井冈山”历史悠久，开明开放，坚持与时俱进，致力打造文化高地，在江西文学圈有着不可替代的地位。印象中，它从来不拒绝在某些人看来“带刺”、容易“惹事”的杂文，版面上常常少不了一块棱角分明的楷体字，这一点在报纸副刊中尤为可贵。如同我发表的第一篇文章是杂文，我在“井冈山”副刊发表的第一篇作品也是杂文。那是20世纪90年代末，网络还是个新鲜的东西，无论是作者还是编辑都还没有使用电子邮箱，当然更谈不上报纸的电子版。某日，一位同事说，在《江西日报》副刊看到我的文章《拨开“浮云”谈“批评”》。我觉得奇怪，自己并没有写过这样的文章，便认为肯定是同名同姓者。可同事说，看风格，应该是我的东西。于是找到报纸看个究竟，呵，居然是我写的那篇《灭了余秋雨？》，但题目被编辑改了，难怪我不敢相认。原来，这篇稿子是女友帮我誊抄后投寄过去的，事先我并不知道。这就让我倍感意外了，由此也知道，看似高不可攀的“井冈山”，其实很“亲民”，很贴近，很有胸怀，它不需要像某些报刊那样拉关系套近乎“混个脸熟”，它更不会像某些报刊那样只重名气身份来头。

这么多年过去，“井冈山”在传承中不断创新，版面越办越鲜活，题材越来越丰富，作者队伍越来越壮大。因为它的包容性，作为具体的某一个作者，也许不可能持续在这里刊发过多的稿件。但这并不重要，重要的是，它总是不会让你失望，不管是读到谁的文章，都如同欣赏一道风景，常看常新。

翻看手上的报纸，“井冈山”已经出刊1918期了。在经济大潮的冲击下，很多报纸纷纷取消“不赚钱”的副刊，商业味赶跑了文化味，“井冈山”却依然屹立，风景大好，成为副刊界的标杆。这么几十年来，编辑们精心接力经营这个品牌，不也是一个攀登的过程吗？如同我的写作，从零开始，积少成多，从薄薄的样报到几百种报刊、十几本集子，“井冈山”的开拓者几十年不断攀登新高度，使这个报纸副刊从寻常出版到全国知名、再到设立专门奖项，培养了难以计数的作者，汇聚了来自全国的名家，成为一座风光旖旎的文学高峰，其中的乐趣，该让多少人共同分享？

2015年3月28日之夜

从遵守时间规定做起

参加一个座谈会，见识了什么叫“话霸”。

主办方邀请的嘉宾，来自各行各业，当然为的是“集思广益”。主持人（主办单位领导）事先声明，由于时间关系，为了保证大家都有机会发言，希望每人不要超过8分钟。

前几位，按要求做了，言简意赅，干脆利落。然后，话筒传到一位年轻的大学教授手上。

教授就是教授，水平果然不一般。气势宏大的开场之后，侃侃而谈铺垫了六七分钟，居然还没切入正题。主持人出于礼貌，也考虑到在座的也许不无求知欲望，没有及时提醒教授要掌握时间。又过了六七分钟，总算言归正传了。然而，很快大家就失望了：教授讲的都是些很肤浅的老生常谈——由于他对这个领域并无深入研究更缺具体实践，他的见识，显然和在座许多人相比尚有所不如，偏偏又自得其乐，沉醉其中，独角戏唱得相当有劲。半个多小时后，主持人总算忍不住，委婉提示已超时，希望留点时间给后面的同志。教授点了点头，嘴上却并不打住，继续他的“一二三”。在座者有的早已精神恍惚，有的开始微微摇头，涵养稍差如我辈者则几乎就要发出跺脚声。然而，教授毫不理会，自说自话，完全把座谈会当成了他的课堂，把众人当成了他的学生。一个多小时过去，经主持人强行打断（当然还是很客气的），教授才恋恋不舍地把话筒交给了旁边的人。

会后，教授少不了成为人们谈笑的对象。闲话之余，琢磨其行为，不禁让人有所思。

这位教授表现出来的，不仅仅是自我感觉良好的问题，不仅仅是理论与实践严重脱节的问题，也不仅仅是举止不当讨人嫌的问题，我觉得，最大的问题是其人心底全然没有规矩意识。

做什么事情总是有一定的规矩。就拿这么一个简单的座谈会来说，几点钟开始，这是大家应该遵守的；发言围绕什么主题，也是大家应该遵守的；每个人的发言时间，既然主办方有明确要求，更应当遵守。因为，这个有限的时间，是属于大家的时间，你只能享有属于自己的那一份，而无权占用别人的时间。这就好比，作为一个公民，如果你无端把别人的财物占为己有，那就违反了法律一样。

可是，这位教授的意识里，显然没有这个概念。在他看来，主持人“约法三章”对自己是无效的。同样是这场活动的普通参与者，因为个性、身份等原因，他可以无视规矩，我行我素。占用或浪费别人的时间，在他看来根本就不算个事。

何止是这位教授。如果经常参加会议的话，我们会发现，有多少人无视会议规定，不把守时当回事？有多少会议因此不能按时收场，或者不能按计划让参会者发言？又有多少人因为自己占用了别人的时间而脸红、而心里不安、而反省？

不把时间规定当回事，一方面是缘于当事人强烈的自我中心意识，凡事凭一己喜好率性而为；另一方面，也和超时行为无须付出代价有关。假如超时者被人即时中止话语权甚至“罚”出会场，这些无视规矩者或许会有所收敛。可是，更多的时候，我们看到的“时间规定”只是说说而已，主持者也未必按规矩严格执行，这就难怪大家动辄“忽略”它了。

写到这里，思路忽然从规矩意识跳跃到法治意识。在全面推进依法治国的大背景下，我们是不是应该检视一下自己，是否真的拥有了法治意识？如果一个社会，还有这么多人（偏偏都是有一定身份的人）连开会的时间约定这种小小规则都不想遵守，或者连发言超时这样的行为都“不便”制止，我们的法治意识要入心入脑，是不是显得特别任重道远？

不矜细行，终累大德。会上多说几句废话是小事，拖延几分钟时间是小事，不愿为这种行为“红脸”也是小事，可是久而久之把它铸成了众人的一种思维习惯就未必是微不足道之事。这么一想，我竟然觉得，做个讲规矩、讲法治的人，还真有必要从克服不遵守时间规定的毛病做起！

2015年4月15日之夜

“敕封状元”散发的腐朽气息

上网看新闻，一条报道引起了我的兴趣：7月25日，山西晋城，皇城相府2015年全国高考状元敕封典礼在此盛大举行。来自甘肃、吉林、内蒙古、山东、河北、河南、山西的10名高考状元接受“康熙皇帝”敕封。高考状元们身穿状元服，肩披大红花，骑着高头大马，进入皇城相府御书楼广场，“康熙皇帝”敕封他们为“第一甲状元赐进士及第”，每人赏“诏书”一册、人民币10000元，《康熙字典》一函。敕封毕，众状元披红骑马，在陈廷敬府第仪仗队的带领下，由御书楼进入城内，经大学士第、东书房、明清街，举行了盛大的状元游街仪式……

报道说的并不是什么多大的事，却引得众多网站纷纷转载。我相信，很多人看了之后，和我一样，心里油然而生一种怪怪的滋味。这一点，有大量的网友跟帖为证。

现在是讲究“有图有真相”的时代。报道同时配发了多张图片。在第一张图上，充当“皇帝”的人高高地站立着，“状元”们则趴在地上，诚惶诚恐，看起来甚是可怜。我揣测，当然不是这个扮演皇帝的人有多大的威严，真正起作用的，应该是那区区10000元人民币。为了这笔数目并不算很大的钞票，不惜放下尊严，大庭广众之下扮演一回奴才，唉，这让人觉得我们的“状元”们品位恐怕高不到哪儿去啊。

高考政策改革十多年来，尽管大学生的“身价”在大扩招中已经完全不能和过去相比，可是，每年高考结束之后，关于“状元”的故事还是层出不穷。一些地方想方设法拿“状元”来做文章，一些媒体孜孜不倦地在第一时间全方位报道“状元是怎样炼成的”，一些著名高校也不惜自贬身价上演“状元”争夺战，让旁观者在看热闹之余难免发出声声叹息。而山西晋城这一幕，则让人在嘈杂当中更是闻到了一丝变味的腐朽气息。

策划方借奖励“状元”之机达到某种商业性的宣传效果，这个做法不算过分，可以理解。问题是，浓墨重彩地以极端形式展现这个过程，甚至变相地为早已进入历史垃圾堆的封建物事招魂，这就让人看得不舒服了。参与者不伦不类的装扮让人忍俊不禁，还有点滑稽效果，而“康熙皇帝”“敕封”“第一甲状元赐进士及第”“诏书”等等之类的名堂，就让人搞不清楚这是现实生活还是演戏了——或者说，生活中还有这般演戏的？

形式倒也罢了，更重要是，为什么总是有人热衷于这种形式？当前影视界大量的宫廷戏，已让人对某些思维发出质疑，如今在生活中上演活生生的“皇帝戏”，能不让人看成一种推波助澜？在这丝腐朽气息的背后，我们看到的，会不会是进入民主法治社会这么多年了，仍有些人在潜意识里对封建皇权、人身依附等恋恋不舍？如果有机会，他们是不是很想穿越到那个时代，当不成皇帝的话，当个奴才也好？

说这话，不是想对谁扣帽子，实在是历史进程当中经常出现的开倒车现象，让人不得不多虑。一百多年前，中国刚刚没有皇帝，很多民众为此很是不习惯，这尚可理解；一百多年后，世界潮流早已奔向民主法制，某些人还留恋皇权，向往旧制度，那是太说不过去了。今天，他们只是玩玩这种形式小过一把瘾还好说，怕就怕这种微不足道的想法像病菌一样对人群产生感染，以致社会肌体因此染上小恙，那可就说起来没这么轻松了。

生活不拒绝表演，表演的方式有多种，选择味道清新的、广受人们欢迎的类型，岂不更美？特别是想把自己的行为秀通过网络告诉大众时，先评估一下网民的反应，再来决定采取何种形式，对自己应该会有好处的。那些和社会潮流格格不入的想法做法，就不必大声嚷嚷了，还是关起门来自娱自乐更妥帖些。

关上网页，最后想说的是，所谓“状元”，只是一次考试中的第一名而已，踏进大学校门之后，一切都将重新开始，当初那个分数已经完成了它的使命，不再产生其他作用。更何况，有关调查报告表示，恢复高考几十年来，暂时还不见“状元”们在走上工作岗位后表现特别优异的现象。这不就更有力地说明了考试分数不能代表一切吗？如果学子们在生活中有困难，给他们提供相应帮助，那是一种美德；而把那些考出高分的年轻学子“收买”成自己的表演工具，那就让人感到很不厚道了，呵呵。

2015年7月26日之夜

“回炉”事件的道歉关乎诚信

最近，一则“人大本科毕业生‘回炉’读高职”的新闻受到众多读者的关注。8月3日，最初报道此事的《中国青年报》称，因不甘心年纪轻轻就开始“熬下去”，中国人民大学新闻专业毕业的乔东放弃“铁饭碗”，报考了江苏建筑职业技术学院矿井建设专业，成为了一名高职生。3年的高职求学，乔东修出了一条踏实耐走的路。

很快，报道引起了相关人士的质疑，事情出现转折。8月6日，中国人民大学联合《中国青年报》发出声明称，中国人民大学全日制本科、成人教育、网络教育以及北京市自考办管理的自学考试等所有已获得人大相关本科学历或学位的2010届学生中均没有名为“乔东”的学生。此外，相关媒体还表示，报道过程中求证不够周密，向读者致歉。

接下来，8月9日凌晨，乔东在微博发布关于“回炉”事件的道歉信。笔者注意到，道歉信除了回应“人大”身份问题，还有“我没有进入公务系统”的表述。

至此，这起“本科毕业生‘回炉’读高职”事件的来龙去脉应该很清楚了，事情也可以告一段落了。

报道的事说完了，让人觉得还有话可说的，是部分网民的跟帖。“不懂为什么道歉？做了那么多坏事的也没有道歉。”“去年不是有北京大学的学生，退学上高职的故事吗，人家好好的，道什么歉！”“怎么了，这个孩子犯了死罪了吗？”“你无须道歉，难道北大卖猪肉的学生还要向北大道歉不成？”……以上是从凤凰网复制下来的跟帖。从数量来看，发出这些声音的，并非个别，而且力量并不微弱。

别人做了坏事没被发现，不等于你做了坏事可以免责。道理其实就这么简单。“回炉”事件的问题，和别人做坏事无关，和其他人退学上高职无关，和犯死罪无关，和北大学生卖猪肉更无关，它本质上是个诚信问题。正是因为关乎诚信，媒体道歉、乔东道歉，都是应该的，而且十分有必要。中国人民大学及其学生出面澄清事实，正是维护诚信之举，应该点赞。

新闻报道要追求真实，这是老生常谈，也是每个新闻工作者的“第一课”。真实是新闻的生命，作为记者，离开了真实，你写的什么也不是。本次报道中，对于乔东所介绍的情况，并不是什么机密，要核实并不难。记者轻信一面之词，照单实录，以致误导受众，当然有责任。“顶着名校毕业生的‘光环’”进入电视台，“可能也就是花20年熬个副处级”，你看，记者写得煞有介事，其实呢，乔东自己事后说了：“我没有进入公务系统。”记者作风之漂浮，由此可见一斑。现在事情闹大了，不道歉能说得过去吗？

公民面对公共传媒，特别是介绍自己的情况时，当然也应该实话实说（至少要做到“真话不全讲，假话全不讲”吧）。为了扩大自己的影响，借助媒体“炒作”的做法，我们还不好随便说三道四，但“炒作”也应立足于真实的基础之上。如果虚构事实，那就是欺骗他人，就是违背诚信，当然应该道歉。前不久，广东省东莞市一名曾有英雄事迹的保安，出于某种目的刻意隐瞒事实，欺骗媒体和公众舆论便是一个教训。这种事情要是多了，叫人还能相信谁呀？

网络时代，传假似乎更方便了，可是打假也更容易了。“回炉”事件再次提示人们，说假话、行伪事，“出事”的概率越来越高，做人还是诚实一些好。以乔东为例，只要他做出了令人肯定的业绩，没有名校本科生身份又有什么关系？这样一攀扯，反而得不偿失了。出了这种事，你想尽力挽回影响，就得赶快道歉。如果认为道歉是多此一举，那只能说明在部分人的潜意识里，诚信依然只是个微不足道的问题——这倒真是个大问题。

2015年8月9日之夜

十几架相机包围一株瘦梅

山道旁，一株瘦小的梅树，零星地绽开几朵粉红色的梅花。在它的身边，十几个人架起长枪短炮般的相机，围着它咔嚓咔嚓拍个不停。摄影者总是很敬业的，他们见到这株梅树，正如猎人见到猎物，兴奋不已，浑然不顾是否挡道，完全进入忘我状态。

我以旁观者的角度来看这株梅树，它长得实在是平平无奇，毫不起眼，无论是它的躯干，还是花枝。能够扛着相机架子满山跑的摄影者，肯定是比较专业而且阅景无数的。他们为什么把这么一树其貌不扬的梅花当作珍贵的素材，迫不及待地摄入镜头？也许，在这个物以稀为贵的年代，即使是这么一株瘦梅，也不是随处可寻了。尤其是对于摄影师的镜头来说，一棵梅树，在属于它的季节里开出了这么几朵花，它的身价就不一般了，差不多够得上奢侈品级别了。

遥想当年，这当然是颇有些滑稽意味的。不用太久，时光回溯几十年就够了。广袤乡村，哪个地方不闻花果香？桃树、李树、梅树等等，遍布各家的菜园里或村庄的池塘边，只要到了时候，谁家果树不开花？开得满树花枝俏，人们也不以为然，因为这纯属司空见惯之事，无须惊诧。就如同我们应该认真做好本职工作一样，开花结果也是树们应该做的份内事，谁也不会把这当回事。

在那个年代，如果也有这么多有闲的摄影师，他们当然可以任意取景，繁花满树的镜头，想拍多少有多少。各式各样的花，饱满的，成熟的，含苞待放的，即将成为落红的，可挑选的余地远胜这么一棵零星绽放的瘦梅。

现在，这种自然生长的花树似乎没那么容易碰上了。当年靠近城市的菜地、荒坡或池塘，现在基本上成为城市臃肿身体的一部分，“种”上了林立的钢筋水泥大厦。居住环境稍好的小区，也会种上一些开花的树，但那是经过驯化的，尽管花也开得整齐，可是由于它们的成长经历和生活环境比较特殊，总是让人觉得少了一份自然美，就好比经过手术刀整容出来的美女，让人觉得刻意了些，少了点什么气质，只能远观，不宜细赏。

而远离城市的乡村，情况也不容乐观。大量的村庄已在凋敝，整个村庄也许连人影都见不到了，房屋东倒西歪破败不堪，甚至只留下若有若无的残垣断壁证明这里曾经有人生活过。这些年，我看过太多这样的废墟，连村里的水井都干涸了。缺乏了农人的调理，村庄里长出的更多的是杂树杂草，它们没办法向偶尔行走的过客展示更多的美。在这样的地方取景，基本上只剩荒凉悲怆的意境。

环境的改变，使一株尚能开花的瘦梅在镜头里的身价倍增。环境让我们的生活产生了太大的差异，这当然连冰山一角也算不上。不妨稍微延伸一下话题，比如，夏日的溪渠还能捉到鱼虾蛙鳖吗？秋日的稻田还能挖出泥鳅黄鳝吗？春风和畅的日子，燕子来家里筑巢了吗？梅花绽放的季节，你那里下雪了吗……恐怕都有点难了吧！就拿小小的雪花来说，同样生活在这块土地上，记忆里的小时候，每到冬季，哪有不下雪的道理？可现在，我们不见下雪（像样点的雪，足够孩子们堆雪人打雪仗之用的雪）已多年，偶尔下一层薄薄如霜的小雪，势必成为比这株梅花还奢侈百倍的美景，一定乐坏扛着长枪短炮四处找镜头的摄影师！

不经意间，蓦然回首，许多美好的事物已经黯然远去，有些，也许永远不再回来。这些都是曾经给我们带来无限欢乐的往事，它们并不是高度发达的机械化可以轻易取代的。认真回想，不说长远，就说最近几十年，我们在大面积收获聪明才智创造的“繁荣”的同时，失去了多少曾经可以“不劳而获”的本真？

如果我们还不懂得反思，也许，再这样下去，连这么几朵不起眼的梅花，也只能在老照片里怀想了。

2015年8月29日之夜

有图未必有真相

这是个讲究“有图有真相”的时代。人们在网上发帖反映情况、表达观点，如果仅仅是以文字发布，读者或许将信将疑，响应者寥寥；要是配上相关图片，这说服力立马倍增，跟帖的壮观景象则恰如无边落木萧萧下、不尽长河滚滚来，“众口铄金”之势倚马可待。

可是，事实却一再证明，“有图有真相”的惯性认识，却也常常让读者悄然上当，让有关当事人无辜受伤，这误伤率甚至不算低。

距今不算太久的天津爆炸事件，便出现了这么一个小插曲。8月中旬，有人在其微博上传了一张天津爆炸事故发布现场照片，目标对准一位在发布会上打瞌睡的男子。很快，照片上这名男子的行为在网上引起“公愤”，广受网民指责。

正当越来越多的人们义愤填膺地要加入“谴责团”时，事情的真相出来了：这名男子并非当地官员，而是人民日报天津分社记者靳博。他是全国媒体里最早进入爆炸现场的记者之一，因为连续工作，一直没睡觉没吃饭，此时正利用新闻发布会前的片刻时间靠在椅子上打个盹，为迎接发布会积蓄体力。

对此，靳博在朋友圈说：“下午是太过疲惫，实在撑不住就打了个瞌睡，因为四点的发布会需要拼体力。只希望你以后能够了解事件的真相再发声，不放过坏人，但也别冤枉一个自认为不坏的人。”

还好，这件事因为当事人本身是记者，知道如何应对舆论，而且有大量的事实证明自己的工作状态，所以不致被“黑”得太“高级”。倘若是普通人员，哪怕他和爆炸事故再没关系，可上了此图之后，如果既不懂应对，又缺乏有效的发声平台，恐怕一瞬间就要被汹涌的舆论给吞噬了。就如前年浙江余姚那位被村支书背了一下的乡镇干部，事情其实远没人们想象得那么恶劣，但因为他没更多的机会发声，直到现在还有人动辄写文章引用其事例进行批评。其实，稍稍了解二人的身份及乡间情况就不难知道，仅凭那张图，实在不足以认定这名乡镇干部就是“坏干部”，相应地，那些批判之词也就无从说起了。

有图未必有真相，这些“误伤”事件告诉我们，面对所谓的网络舆情，结论别下得太早，尤其需要冷静的思考。网上发言没有门槛，人们的道德水准、认知水平又参差不齐，所以难免有人在网上发言过于情绪化甚至无底线。有些是无心之过，因为没看清楚，或者没了解前因后果，仅凭感觉下结论，这个准确性当然大可存疑。还有的则是为了达到某种不可告人的目的，故意歪曲事实真相，比如近年来常见的某些“网络推手”的恶意炒作行为。随着自媒体的发展，这类事情已是屡见不鲜，如果我们就这样轻信了，随便跟着起哄了，那不正中人家下怀?

“误伤”事件还告诉我们，图片也是会说谎的。图片只是图片，本身不会说话，可以多角度来解读，就看发布者出于什么目的。两个人打架，图片说明可能告诉你张三欺压李四，事实却可能是李四挑衅张三，关键是这个“解说”出自谁之手。如果使用不当语言表现出来，图片不仅没告诉你真相，反而成了混淆是非的帮凶。

为避免“误伤好人”，除了旁观者要理性看待问题，避免先入为主，还需要当事人及时回应，澄清事实。网民们毕竟不在现场，仅凭想象与推理是无法更准确地接近真相的。当事人提供有利证据，借助有效载体，可以使“围观”的网民更迅速更准确地做出判断，从而引导舆论朝着正常的方向发展。如上述人民日报记者靳博的做法就很有效果，让人们很快明白了这是怎么回事，除了极少数见啥“喷”啥的偏执人士，多数网民知道真相后，纷纷理性地对靳博表示敬意。

孔子带着弟子周游列国时，在陈蔡受困，粮食快吃完了，一行人只能以稀饭度日。有一次，一名弟子亲眼见到“道德标兵”颜回在煮稀饭时偷偷吃了一口，便告诉了孔子。孔子很吃惊，经调查，原来，颜回看到稀饭里落了些许尘土，用勺子将其舀出来，因为扔了可惜，便将这口带尘土的稀饭吃了。真相大白，孔子由此感叹“眼见为虚”。孔子的传说告诉我们，眼见尚未必为实，何况仅仅是一个片断的图片？所以，面对网上那些试图证明真相的图片，我们还真有必要看清楚、想明白再发言。

2015年10月15日之夜

让灵魂跟上

接二连三，听到了几个暴发户迅速垮台的消息。这些人，曾经是媒体热捧的创业致富“楷模”，而现在，却成了法院通过媒体曝光的“老赖”。时间相距并不算长，前后比照，却让人恍如隔世。

关于他们的失败，有人认为是“命”不好，有人认为是政策变化所致，有人认为是受经济大环境影响。我却觉得，这些都不是根本的原因。根本原因是：他们的躯体飞速地跑起来了，但他们的灵魂还没跟上——这几个失败的“前富豪”，有一个共同的特点，那就是文化底子和后天修为都远远不够，而偏偏又要忘乎所以高调行事。就冲着这素质，好日子能长久才怪呢！

不妨简略回顾一下他们的发迹过程。其中一个，当年暴富，完全是误打误撞，赶上了某个行业史无前例的“好时代”，一不小心中彩了，于是一时大红大紫起来。另一个，则是靠着些许投机因素捞到了一大桶金，这种事，本来就不可一而再、再而三。还有一个，基本上是凭借某股外力“虚胖”起来的，如今只是因为外力遁形，于是自身被打回原形而已。自从他们因为那些非正常因素突然发财后，要么洋洋自得，挥金如土，以为“千金散尽还复来”，当初的“好运”将永远伴随自己；要么盲目扩张，从不分析市场前景，更听不进任何意见，但觉天下好事皆可如此这般唾手可得；要么倚财仗势，目无法纪，越雷池，闯红灯，为所欲为，总之干的都不是正经事。从他们的诸般表现来看，这种“土豪”的垮台，只是迟早的事，并不让人感到意外。

也正是从这些“土豪”身上，忽然想起一个据说是来自印第安人的小故事：一队西方人到一处原始森林探险考察，请了当地几名印第安人当向导。辛苦跋涉三天后，印第安人便不再前行，要求原地休息。他们说：匆匆忙忙赶了三天的路，他们的灵魂一定赶不上自己的脚步了，所以有必要停下来，等待灵魂追赶上来。

让灵魂跟上！印第安人这番解释，乍一听似乎莫名其妙、荒诞不经，细品味其实意味无穷、发人深思。

让灵魂跟上，不然肉体将迷失方向，步入险境。和印第安人的含蓄异曲同工的是，我们的古人早就说过一句貌似危言耸听实则屡屡应验的大白话：德不配位，必有灾殃。富贵当思原由，不要以为一切都是理所当然。富贵是有过程的，一夜暴富之类，未必是好事，而不择手段谋求的快速“致富”，更是不可靠。富贵是需要德才来支撑的，就如同肉体需要灵魂来支配。你没这个德才，凭什么守住偶然从你面前路过的“富贵”？

“位”与“德”需要“门当户对”。可惜，很多人并不相信这一点，所以，他们行事无所顾忌，胆大妄为，只求结果不问过程。除了上述经济上的暴发户，我们还看过不少职场上的“火箭式”干部，他们的经历不也和这差不多吗？在自己的修养还不足以驾驭这个职位的前提下，通过某些不正当手段、方式，强行获得飞跃式提拔，可最终却因为德才不匹配，一夜之间回到起点，甚至落入法网，连“老本”也亏了。看看他们的悲欢沉浮轨迹，真是早知今日，何必当初？

让灵魂跟上脚步，不仅和在商场、职场打拼的人士有关，其实也是每个人都应该面对的问题。说个大家都有所体会的事。身处都市，我们现在普遍感到“行路难”。除了交通硬件设施存在缺陷，其中还有一个重要原因就是许多驾驶员的文明素质没有跟上。虽然交规“有法可依”，可人家目中无法，只要没有摄像头盯着，他就成了条条道路“任我行”，害得别人惹不起还躲不起。当我们只能怀着战战兢兢诚惶诚恐的心情在路上行走，我们不得不感慨：这个社会，如果在人们普遍还不具备行车素养时，却提前迎来了全面的汽车时代，那么出行可能会比无车时代还麻烦！仅有汽车的提速而无素养的提升，是没办法让我们真正“快”起来的。

“灵魂”的掉队，或许将影响每个人的生活。所以，不管对社会还是对个人，面对发展问题，都不能操之过急，一味求快。在驱动身体之时，一定得认真检查一下灵魂有没有跟上来。欲速则不达，不管在什么时候，我们都宁愿相信：走得稳比走得快重要！

2015年12月26日之夜

有感于电信诈骗团伙的落网

据新华社报道：近期，在公安部直接指挥部署下，全国8省公安机关统一行动，出动3000余名警力对江西省余干县“重金求子”诈骗团伙进行集中抓捕行动，已捣毁诈骗团伙24个，抓获犯罪嫌疑人153人。（详见10月17日《赣州晚报》12版）

“重金求子”的把戏，早已不是新鲜事，十多年前，就在路边的电线杆上常见。当年在晚报社做记者时，我和同事还接待过这样的受骗者。那名来自农村的受害人被骗子按步骤骗去几笔钱后，不想继续“玩”下去了。不料，骗子还挺牛的，威胁他如果不接着汇款的话，将以“违约”的名义让警察把他抓起来！老实巴交的受害人无奈之下，只好向报社求助……听完他的这个经历，我们啼笑皆非之余，更感到莫名的悲哀。此后，尽管在报上发了个稿，但并未得到有关部门的任何回应。

现在，看了报道才知道，“重金求子”这种拙劣的骗术，“市场”广阔“效益”好，十多年过去，不但没消失，竟然还形成了“产业化”的趋势，甚至轻轻巧巧就“带动”了一个地方“致富”。在余干县，有的村庄因此被外界称为“富婆村”，有的诈骗分子行骗数次就能骗得数十万元，如江埠乡张家村的王某，仅四个月就骗得22万余元。这个钱也来得太容易了，难怪这些不法分子乐此不疲，还不断地把队伍壮大。

“重金求子”只是电信诈骗中“技术含量”不高的一种。前段时间，山东临沂还发生了一起面向准大学生诈骗学费的案子，因为闹出了人命，公安机关也迅速破案了。然后，媒体又跟着披露了不少类似案例，让人知道了这种骗术几乎每天都在不同的地方重复上演，而“投身”电信诈骗“事业”的，又何止集中在一两个地方。

接连看了这么多“同质化”的报道，不禁发出两点感慨。

其一，在短时间内，众多诈骗团伙总算陆续被抓捕归案，说明对有关部门来说，世上无难事，只要肯认真。为什么诈骗者横行十多年了，现在才来“收拾”他们？据记者向办案民警了解，“在传统的办案模式下，对电信诈骗犯罪的信息流和资金流难以溯源，导致办案民警跑全国，不仅成本高，而且效率低。”打击这种点多面广的犯罪行为，难度当然是有的，但不等于公安部门治不了诈骗团伙。魔高一尺，道高一丈，如今诈骗团伙一夜之间纷纷落网，说明以前不是抓不了，而是没有集中精力重点对付他们。只要公安、银行、电信运营商等有关方面重视起来，形成合力，看他们往哪里藏身？很多社会顽症都是这样，乍一看，令人束手无策，似乎无法收拾，而一旦行动起来，办法还是有的。比如当年的酒后驾驶问题，官员贪腐问题等，都是大面积存在的“普遍现象”，可是有关方面较真以后，不是收效良好吗？所以说，对有关部门而言，最关键的还是“认真”二字，认真起来，没有解决不了的问题，怕的就是自身不作为这个大问题。还有，相关部门的协同作战，也是非常必要的，而且应该成为一种常态，不能只在“领导高度重视”的情况下才发挥作用。

其二，诈骗团伙十多年平安无事，最终落入法网，再次说明“天网恢恢疏而不漏”，多行不义必自毙，“出来混，迟早要还的”。总是有些丑恶，像牛皮癣一样顽固，猖獗一时，扰乱人心。比如，某些地方存在的黑恶势力，某个阶段存在的贪腐现象，都可能让寻常百姓感到无可奈何，甚至对“邪不压正”之类的观点产生怀疑。但事实一次又一次证明，不走正道者，终究难长久。中国俗话说的：“不是不报，时候未到。”西方谚语则说：“上帝要它灭亡，必先让它疯狂。”说的都是这个道理。相对于那些大恶大丑，电信诈骗之类只是小巫见大巫，这些不法分子发财梦的破灭，在历史大环境中不足一哂，但对于某些眼红者、心动者、蠢蠢欲效行者而言，则是颇为有效的当头棒喝。

两点感慨，其实了无新意，都是平时说烂了的大道理。可是，有些话就是这么奇怪，平时再怎么讲，也觉得空泛；一旦联系上了具体的人和事，就觉得实在。而惟其“实在”时，给人的教育才深刻些。

2016年10月29日之夜

“撞脸”源于创造意识的缺失

今年11月下旬落幕的南昌国际马拉松比赛，被网友发现组委会公布的成绩单样张与5个月前的吉林国际马拉松比赛如出一辙（有人因此质疑其涉嫌抄袭）。成绩单样式雷同倒也不算什么大不了的事，毕竟那东西也就是个成绩单而已，总该有个基本的模式；真正成为笑料的是，成绩单样张显示的“南昌市人民政府市长”一栏，汉字名字是南昌市长的，而拼音却并非南昌市市长郭安，分明是吉林市市长张焕秋。

这笑话闹得多少有点过头。据报道，南昌国际马拉松组委会向新京报回应称，“事因设计师工作失误，已经整改。目前，涉事设计师已提出辞职，并向公众致歉。”

成绩单样式“撞脸”，只是众多“撞脸”现象中极其寻常的一种。更多的“撞脸”，在文稿工作、商标设计、产品制造等方面更是司空见惯。几年前，媒体不是曾经曝出某地市长“抄”县长讲话稿之类的荒唐事吗？机关里的“秀才”们为图省事，东抄西借搞“拿来主义”，领导们的讲话稿不“撞车”才怪呢。只不过，许多讲话稿讲完就作废，没人去细究，所以露“马脚”的机会不多罢了。而商标设计“傍名牌”以及在制造业等领域出现的“山寨”现象之类，近年来已让人们熟视无睹，其本质其实也是“拿来”。

为什么“撞脸”现象频发？我想，根源在于人们越来越缺乏创造意识，越来越依赖于“拿来”路径。

不想花功夫创造，因为“拿来”太便捷。除非你不想偷懒，否则，“懒”办法总是俯拾皆是，尤其在当今这个网络时代。在和工作有关的QQ群、微信群，我们便经常可以看到有人向同行“跪求某某样本”的信息。全国这么大，工作模式都差不多，需要搞什么活动、写什么总结，只消在网上轻轻松松地敲出这么一句话，就可以起到事半功倍（甚至还远远不止）的效果，何乐而不为？这还是“一个愿打一个愿挨”，人家主动贡献的。更多的人，则是不管三七二十一，直接从网上搜一搜，要什么有什么，要什么取什么，复制加粘贴就可以分分钟解决问题。有了这种捷径，谁还愿意累死万千脑细胞，苦苦发挥想象力？这等便宜事，傻瓜也知道干啊。

不想花功夫创造，还因为“拿来”风险低。尽管“拿来”也有露馅的时候，但即便如此，也不见得会导致多严重的后果。以前我在报社当编辑，收到一篇县里通讯员写的报道，主题说的是A县采取若干措施优化发展环境，稿子一二三地罗列了这些具体做法，说得有条不紊，头头是道。但看到最后，稿子却说这些做法有效促进了B县民营经济大发展。注意了：这个B县，是邻省的一个县。显然，这个稿子，是作者活学活用“拿来主义”，把人家外省B县的做法改改时间、地名，“移植”到自己所在的县了，只是最后一处因“工作疏忽”没改过来而已。我很不客气地打电话戳穿了作者的把戏，作者却只是嘻嘻一笑，对此不做任何解释倒也罢了，反而问我能否帮忙将最后一处“笔误”更正过来，把稿子给发了。对于编辑我来说，除了不发此稿，还有什么办法呢？由此也想到，还有多少稿子是这样“写”出来的？也许只不过“作者”们心细些，没露破绽而已。正是因为“出不了事”，所以有些人十分乐意干这种事。

说到底，“拿来主义”盛行，主要还是人们对知识产权的漠视。我们不是常常听人说起嘛——“天下文章一大抄”，有不少人，还真是打心眼里认为天下文章都是抄来抄去的，持这种认识的人，怎么可能有“知识产权”的意识？他们只会发自内心地认为“抄袭有理”“山寨无罪”。尽管抄袭或盗版、傍名牌之类的事情天天都在发生，但是因为“抄袭”或“盗版”“傍名牌”而打官司的事情却极罕见，因为这类维权行为的过程太麻烦、成本太高昂，受害者伤不起。如此，便形成了一个恶性循环，那就是抄袭、“山寨”的势力越来越壮大，有心维权者愈显有心无力。久而久之，只怕到了哪一天，大家还真要正式承认这种“拿来”行为的合法性呢。

惰性是人身上与生俱来的东西。既然“拿来”是如此轻松便宜之事，谁还会和自己过不去，挥洒如许汗水去原创？要解决这个问题，还真得从保护知识产权，打击抄袭、鼓励创新来破题。

2016年12月1日之夜

别了，职称外语

年前，国家人社部公布2017年度专业技术人员资格考试计划，与上一年相比，职称外语未被列入该计划。而在此前后，媒体已有报道，北京、广东、河南、山东等地已陆续宣布取消职称外语考试的硬性要求。直至最近，笔者所在省份也明确调整职称外语政策，对职称外语不再作统一要求。

作为“局外人”，职称外语的去留，与我个人已没什么关系。但是，作为曾经的“受害者”，看到这些“利好消息”接踵而来，还是由衷地感到高兴。

大势所趋，现在可以说，专业技术人员终于到了和“职称外语”道别的时候了。

取消职称外语，这个过程可真是不容易啊。想当年我在新闻单位工作，评职称需要三种硬件：论文、获奖作品、职称外语。前二者倒也好办，只要努力工作，总会有所收获。那时，本人的业务水平在同行当中还算过得去，所以，在评副高职称之前，我的论文（包括出版的著作）和获奖作品都是大大“超标”，有些项目甚至翻倍还不止。按说，在业务上，咱也不比别人差了，该评的职称、该加的工资都得给才是，可问题就出在职称外语上。

说来惭愧，自从在这家地市报社参加工作，我就知道这辈子并无机会和老外打交道，所以早就不和外语打交道了。结果，为了评个副高，我连续考了四年的职称外语，每次总差那么几分。那时，真是越考越没信心，曾经和同事打趣：争取连续考它20年，等到55岁享受免考待遇时，再拉上几麻袋的论文、著作和获奖作品等业绩材料去参评，到时可别把评委累坏了……

第四年考试时，我破罐子破摔，索性豁出去了，直接报考评正高所需的A级职称外语（副高为B级）。没想到，这一次，居然考了61分，连评正高时的后患也一次性解决了！但不管怎么样，我的副高职称就这样被耽误了几年，以致待到符合评正高的条件时，这个来之不易的外语成绩一夜之间毫无价值了——因为，我还没来得及申报正高，工作岗位调整了，转到了不评职称的行政机关任职。

这就是职称外语和我开的一个大玩笑，说起来险些儿都是泪。我相信，深受它折磨的大有人在，其中不乏一些业内知名人士，有人因此声望虽隆、业绩虽靓，职称却很低。职称外语，就像一块毫不讲理的顽石，蛮横地拦在他们前进的大路中间。

吾生也晚，不知职称外语当初设置的初衷是什么。但可以猜想，应该与当时的文化大环境有关。也许，在那个年代，全民外语底子薄弱，加上因为国家经济基础不够坚实导致的文化自信不足，总觉得外语尤其是英语是万能的，所以对专业技术人员提出了这么一个未必切合实际的要求。运行几十年后，这项政策的不合理性越来越突显。人们越来越发现，对许多岗位来说，所谓职称外语，完全就是"屠龙术"，根本没什么实际意义。比如，我一个地方报记者，哪有什么出国采访的美事，能把母语运用娴熟、为本地读者提供高质量的报道就很不错了，现在却本末倒置，不考虑你的母语水平，只考量你的"外语"水平，真是莫名其妙，太逗了啊有关部门！

近些年来，呼吁取消职称外语的声音越来越大，总算引起有关方面的重视了。现在，这个问题可以说得到了合理的解决。这同样和当今文化大环境有关。与此相类似的是，此前，中学、大学教育也对外语降低了要求，不再像以前那样放在超出母语地位的异常突出位子。我以为，这是值得欣喜的事，说明有关部门越来越实事求是了。我甚至觉得，这也可以从另一个角度折射出我们的文化自信力在不断提升。

由此想开去，除了职称外语，还有多少制度需要不断改进？还有多少政策需要与时俱进？还有多少陈规需要及时清理？也许，不仅是人社部门，其他部门都有必要经常想想这个问题，以便让自己所管的事能够及时跟上时代前进的步伐。

2017年1月23日之夜

当心网络掏空了大脑

虽是老生常谈，还是再谈一谈。

刚刚在本地媒体看到题为《网传“飞机撒药治白蛾”编得有点假》的报道，说的是有好事者以“市园林办”的名义编了一条相关内容的“温馨提示”在微信朋友圈热传，叫大家近期不要晒衣服、不要吃外面的食物、尽量减少户外运动。为此，市园林局公开回应：这是漏洞百出的谣言，一是本市并无“园林办”这个机构；二是当前并非病虫害集中防治季节；三是即使真要防治绿地病虫害，也不可能选择飞机撒药的方式。

网络世界，信息海量，虚假信息也随之满天飞。其中一些，假得离谱，本来稍稍过脑就可辨别，可很多人，还是毫不犹豫地信了。

上面这条假信息还不算特别典型，比这拙劣的谣言还有许多。前一阵子，山西某县纪委查处中学教师自费聚餐一事，引起网民热议。稍后，就有消息称，县委对此高度重视，对县纪委书记做了撤职处理云云。一时颇有人为之叫好称快，有些媒体还郑重转发。

然而，这种事，可能么？只要有点常识，就知道“撤职”的信息太假了。县纪委书记，那根本不是由县委任免的职务呵。自然，这条所谓的“后续报道”成了当年度较有影响的假新闻。

再往前推几年，笔者所在地区突然疯传一个消息：邻省某市委书记调任本市市委书记。有人还出示网上截图以示“有图有真相”。不过，正是这个图，暴露了谣言制作者太没文化，因为，造谣者把这个“任命”做成了邻省省委发布的通知。

有意思的是，一些公职人员，却拿着这个网络截图，坚信不疑地告诉笔者，这次一定是真的了，因为网上都已经发布任命了。我轻轻地反问一句：

“你真的相信那个省可以跑到我们这里来任命干部？”对方这才作恍然大悟状。

对此，我只能感叹：网络消灭了常识。对许多人来说，由于年轻时没用心积累，常识本来就不够用，如今又一头扎进了手机，成了连话都没时间多说的“低头族”，更没空闲“补课”了。如果手机能成为一个便捷的学习工具，那倒也不失为一件美事。然而，这基本就是一种理想。对大多数人来说，“低头”攫取的，只是一些毫无价值的垃圾信息。你问问他们，在手机里泡了一整天，关机睡觉时，能记得起今天看到的哪几句话？一个人的时间是有限的，泡网占用了太多的时间，哪还有精力正常学习，哪怕只是学点皮毛般的常识。

更重要的是，网络让人们越来越不习惯思考。长期依赖手机，依赖搜索引擎，已经使人悄然患上了工具依赖症。在网络面前，人的思维活动似乎显得多余。不懂就搜，成了一种常态。不信你看看，身边有多少人是这样的：一遇到整不明白的事情，立马点开电脑或手机，输入所谓的“关键词”，只消几秒钟，就似乎找到了他所需要的“正确答案”……

然而，这个“答案”果真正确吗？不妨看看这么一个网络段子：冰箱门关不紧了，上网搜索一通之后查出原因是冰箱门封条老化所致，于是电话请来维修师傅。师傅只看了一眼就说：冰箱东西放得太多了！用力一推就解决了问题……

段子不夸张吧？在很多时候，我们不正是这样干的吗？长此以往，我看真有必要提醒大家：当心自己的大脑被网络掏空哪！

尽信网，则不如无网。如果因为网络的出现，竟然导致人类的智力一代不如一代，那么，发明网络的人岂非罪莫大焉？为了保持大脑正常的记忆功能和思考功能，遇到问题，还是像当年无网时代那样，先来点回想、来点质疑、来点分析吧！

2017年2月16日之夜

重要的是过程

周末，和朋友驱车去上百公里外的乡下闲走。出发之际，朋友习惯性地打开导航，被我果断地制止了。要去的地方就在本市范围内，虽然没去过，大致方向我还是知道的，更何况不赶时间，为什么要依赖导航指引？实在拿不准的路口，问问路人不就得了吗？出去游玩，重要的是过程，只有自己摸索出来的路，才会留下深刻的印象。

很多人似乎习惯只看结果，不问过程。其实，结果固然重要，过程也有其不一般的价值。很多事情，真正的乐趣恰恰就在过程当中，忽略了过程则让人感到索然寡味。比如，你解一道数学题，如果人家直接把答案告诉你，那么，这道题对你有多大意义呢？只有你亲自走完解题的过程，面对这个答案，你才会产生莫名的愉悦。又如，看小说或影视剧，乐趣也贯穿于整个过程之中，尤其是在节骨眼上，如果谁抢着把结果说出来了，你反而觉得十分扫兴。在电影院，人们不是经常有这种体会吗？

人生是一场旅行，过程才是重要的。烙在我们记忆深处的，往往不是最后的目的地，而是抵达目的地的那个过程。现在交通方便了，动辄高速公路、高铁、飞机，加上网络导航，要去一个地方，总是那么便捷，简直不费多少时间和精力就到了。可是，这样的过程，能留给我们多少值得回味的内容呢？几乎谈不上。出行越来越频繁，生活倒是越来越显得平淡。要说可以回味的旅行，倒是若干年前，交通不怎么方便时，几经周折才到达目的地的那种经历。

有一个同学，当年读中学时因为特殊情况，直接保送上了大学。在旁人看来，这是多么让人羡慕的好事。可是多少年后，提及当年往事，这个同学却总觉得没有参加高考是人生的一个遗憾。备战高考的岁月，在当时来说虽然充满压力甚至痛苦，但一旦过了那道关卡，其释放出来的快乐，便是超值回报了。所以，人们常说：经历是宝贵的财富。

明朝的“朱寿大将军”，就是不满足“直接到了终点”的产物。“朱寿大将军”当然不是将军，他其实是明武宗这个皇帝。明武宗因为人生一帆风顺，两岁被立为皇太子，十五岁就直接当上了最高领导，觉得生活少了拼搏的滋味，于是变换法子给自己的职业生涯增添乐趣。他给自己换个身份，从基层干起，一步步提拔，从这个“将军”干到那个“将军”。这虽然是个笑料，可要是换个角度来琢磨明武宗的心理，其实也是颇有几分道理的。

“拔苗助长”的故事大家都耳熟能详。欲速则不达，为了达到目的而刻意忽视过程，其结果反而不理想。前些年，某地有领导为了加大行政人才的“培养”力度，违背客观规律大面积破格提拔刚走出校门的年轻干部，现在回过头来看，那显然是个误区。当干部缺乏历练，步伐是很难稳健的。生活中大家还有体会，许多“速成”的农产品，看起来很美，但是和自然成长的产物相比，滋味与营养还是有明显差距的。其原因，也在于少了它该有的“过程”。

既然过程这么重要，为什么要随意省略它？且不说它本身就蕴含着诸多富有意义的元素，就是从实用主义的角度来说，过程也有很强的“有用性”嘛。过程让你增长见识，让你筑牢基础，让你提高能力……对于那些有条件经历的过程，为什么要直接跳过？

当然，也不是说为了过程，可以拒绝一切现代文明成果，退回几千年前，过茹毛饮血、刀耕火种、肩挑手提的原始人或苦行僧生活。如果是这样，那么就变成为过程而过程，走向另一个极端了。

2017年5月8日之夜

“准考证新闻”泛滥引发的杞人之忧

梦回高考，在陌生的校园里好不容易找到考场，却发现没带上准考证。一次重要的考试就这样和自己失之交臂，悔恨、焦虑、痛苦让我冷汗涔涔，直到从梦中醒来，仍觉心神未定。

这是当年沉重的高考在心里留下的后遗症。我和许多同龄人交流过，他们都有类似梦境。

巧的是，这几天，高考正在进行中，准考证引发的故事还真不少，忘带或弄丢准考证之类的新闻泛滥于各类媒体，让人目不暇接。随便粘贴几例：

6月7日8时许，重庆市九龙坡区育才中学考点一护考老师不小心将几十位考生的准考证遗落在宾馆。九龙坡民警立即驾驶送考警务摩托车，送其返回位于黄桷坪广厦城的某宾馆。民警一路连闯多个红绿灯，逆行穿过早高峰的车流，原本需要半个多小时的车程，仅用了十多分钟就将准考证顺利取回。

6月7日上午，内蒙古赤峰市一名高考考生忘带准考证、身份证等证件。眼看已经开考，送证的家长还在路上，不得已只好求助交警。交警一路开道护送，终于在考场封闭前把证送到。

6月7日下午，南京市浦口区江浦高级中学新校区考点附近，一考生不慎将准考证掉入河中。南京市公安局浦口分局珠江派出所民警麦海俊和巡特警大队民警陈志勇不顾河水难闻的味道，直接跳入河中进行寻找，甚至钻入污水中……

面对这烂街般的关于准考证的新闻，一方面，人们把它们当作一段段高考“佳话”来传播，看到的是满满的“正能量”；另 方面，我却觉得，这种现象如果变得普遍，并非小事，不容小觑，因为它同时传递了不少负能量。由此，不禁心生几分“杞人之忧”。

准考证对考试的重要性是不必多说的。应试忘了带准考证，如同战士上前线忘了带武器，这个错误犯得不小，不应视为“小节问题”。今天的考生，将来终究要走上工作岗位，他们要知道，丢三落四、粗枝大叶的性格，对于哪种职业来说都不是好事。所以，从学生时代开始，你就得养成严谨认真的作风，否则，在未来的工作中难免出重大差错，吃更大的亏。

对待准考证的态度，折射了一个人的责任感。妥善保管好自己的准考证，这本来是每个考生应知应会的事，某些学校让老师、家长代劳，这种做法本身便不妥。如果连处理区区一张纸片的能力都不具备，将来还能干什么大事？既然知道这张纸片的重要性，就应该知道怎么对待它，让它掉进河里之类，实属不该。如果因为自己的疏忽大意而出现这种情况，即使有民警或其他人帮助打捞，考生也应明白：理论上，这是自己的事，旁人无此义务。还有，如果你没带上准考证，即使误了考试，也不能怨天尤人，这是你该付出的代价。你需要做的，是从中深刻吸取教训，知道凡事不负责任就会有严重后果。

“准考证事件”还冲击了人们的规矩意识。如果因为送准考证就可以不遵守交通规则等（诸如逆行、闯红灯之类），这将让考生从中看到所谓“特事特办”的“好处”；如果为了体现“人性关怀”就可以“通融”着让没带准考证的考生如常参加考试，这意味着某些既定规矩、制度随意性太大，让人觉得无须敬畏。凡此种种，虽为小事，却可能影响一个群体的认识。这显然不利于法治社会建设。

为何今天会出现大量的准考证之类的新闻？一个重要原因，当然是我们把高考看得高于一切，以致让其他不该让位的因素为此让位。每每从媒体看到有关部门如临大敌的种种措施（几乎是狗不能叫车不能鸣），看到考场外一双双热切的眼睛（众多家长不辞辛苦蹲守在校门口），就让人感慨不已。有这必要吗？想当年，我们独自顶着烈日骑辆破单车穿过大半个县城去赶考，正在农村老家紧张劳动的家人都未必知道准确的开考时间呢。和当年相比，现在早已不是“一考定终生”的年代了，更没必要把考生弄得那么娇贵，毕竟，孩子们今后的人生道路还长着，比这更难应付的沟沟坎坎可能还有很多，缺了磨砺怎么行？所以，我们完全可以让高考回归平常，回归理性，让它成为一场综合素质的竞争：考的不仅仅是试卷上那几个分数。

2017年6月8日之夜

当“宽松教育”不再那么“神”

“宽松教育”是日本人提出的概念，曾有一段时间比较流行。据有关资料介绍：到20世纪七八十年代，在经历了几十年的填鸭式应试教育之后，日本的教育界和经济界等开始反思填鸭式应试教育的弊端，试图向一种更注重学生身心健康和综合能力的教育方式转变，这就是所谓的“宽松教育”。“宽松教育”的一大特征就是学校学习时间的减少，而教学以外的“综合学习”时间增加。“综合学习时间”可以搞各种课外活动和社区活动，而不是教授课本知识。

然而，实行十几年后，去年，日本有关部门却明确表示，日本将和施行已久的“宽松教育”政策诀别。据报道，自2000年前后引入“宽松教育”后，日本常用来评判学生学习能力的PISA（经济合作与发展组织国际学生评估项目）和TIMSS（国际数学和科学评估）两项调查结果显示，日本学生的排名明显下降，国民整体学力连年显著下跌。

“宽松教育”因此遭到不少批评。其中一个案例说，日本老师教小学生圆周率时，过去一直是说“圆周率＝3.14”，但引入“宽松教育”后，精确到小数点后两位的时间也后延了，也就是说，老师得先教小学生“圆周率＝3”。这样的结果直接导致小学生几何理解能力的降低。

“宽松教育”，原来没有传说中那么“神”。读到有关报道，我不禁长舒一口气。

为什么有这种感觉？只因为，当年业界某些理念与举动，让思想保守、见识老土的我曾经为之深感困惑。

那些年（也就是日本“宽松教育”推行的时代），我在报社工作，对媒体的关注自然多些。很多报刊宣传“学习尖子”“高考状元”之类，似乎很喜欢塑造这么一种形象：平时不怎么做作业，甚至也不认真听讲，想玩就玩，不费工夫就可以考出好成绩。总之，难者不会、会者不难，会读书的学生都不用下苦功夫。这种宣传，大有颠覆传统的“勤学苦读”思想之势。

印象较深的是，当时我在浙江上班，该省一家教育类报纸有一个专刊的名称就叫“爱玩才会赢”。很多人也撰文认为，中小学生（尤其是小学生）主要任务就是玩，玩是他们的天性，不该以学习来压迫。

与此相类似的“反传统”，还有所谓的“表扬教育”。有从事教育工作的同学告诉我，他们对学生不再批评了，只能表扬，否则，一旦“出事”，后果“很严重”。为此，我曾经写过一篇小文章《“表扬教育”的隐忧》对这种做法表示怀疑，在此不再赘述。

而现在，日本人竟然放弃为人们所津津乐道的“宽松教育”了。时间会证明一切。现在，时间正在告诉我们，“宽松教育”并没有那么神。同时，我们也有必要对此前的种种“神化”现象进行冷静反思。比如说，当年不听课不做作业的“尖子生”，人家是不是背后在另一方面付出了更多的努力？退一步说，即使他们中的个别人真有那么高的天赋，但他们的学习模式是否适合在普通群体中推广？当年贪玩的同学，是不是普遍比别人发展得更好？还有，一味推行的“表扬教育”，最后有没有“夸”出大量的不一样的人才……

宽松也好，表扬也罢，其实，不管怎么创新，怎么玩花招，我们首先得看到，几千年来，人的本性并没有发生本质上的改变。关于教育问题，我们的先哲早就说了：“因材施教。”岂可简单地以某一种模式来对待整个群体？一味地推行“宽松”或“填鸭式”、表扬或棍棒，都是走极端，都会遭遇相应的问题。

先哲还说了：业精于勤荒于嬉。科技越来越发达，省心省力的事当然越来越多。然而，即使科技再发达，也无法从根本上混淆勤奋与懒惰。“少壮不努力，老大徒伤悲”，你是否勤奋，是否愿意比别人多付出汗水，收成肯定是会有区别的。不管是对成年人还是未成年人，其结果并无二致。

当“宽松教育”不再那么“神”，我们似乎更应该明白：不管社会怎么发展，人间的基本道理依然管用。从小铸就勤奋好学、吃苦耐劳、坚毅睿智等品格，放在什么年代都不会吃亏。所以，凡事还是按客观规律来，大可不必在两个极端跳来跳去。

2017年9月30日之夜

常识不可漠视

10日，西宁市纪委消息，西宁市旅游局原局长雷桂英、副局长张洪涛严重违纪被“双开”。“双开”通报显示，二人主要是“违规套取旅发资金、设立‘小金库’”。

——这是近日在网上读到的一篇报道的开头。因为设立“小金库”而被“双开”？这情节可比较严重。出于好奇，搜出纪委通报原文看了一遍，却发现通报分明还有“失职渎职，收受贿赂，涉嫌犯罪”等内容。这么看来，雷、张二人被“双开”，“主要”原因显然并非作者所说的“小金库”。

如此断章取义，盖因常识不够。

网络出现后，传播载体暴增，世界真正进入了信息爆炸的时代。正是在这种背景下，漠视常识的信息越来越多。反腐是最近几年的热点话题，仅在这方面，与上述报道相类似的问题便屡见不鲜。有好几次，看到“某某官员通奸获刑×年”“某某官员违反八项规定获刑X年”式的标题，明眼人一看就知道，该官员获刑，绝非因为“通奸”或“违反八项规定”（况且，准确的说法，应该叫“违反八项规定精神”），定然另有原因，可写作者就是不去抓住要害。还有，一些正常的人事任免，也被某些报道者弄得一惊一乍，以致大量的跟帖者在同样不明常识的情况下蜂拥而上，在网上对被免者幸灾乐祸、谩骂诋毁、群起而攻之。他们显然不知道，并非所有的“免职”都是出了问题，人家有的是岗位调整，有的是到点退休，也有的是按规定不能连任等，等，这和“出事”是哪跟哪呢！

为什么常识匮乏的稿件如此普遍？从作者这个角度来说，一方面是写作的门槛降低了，导致很多“生手”在尚未掌握常识的情况下急功近利，快速上路。网络的出现，使发表文章（其实有些尚未达到“文章”的标准，只是“文字群”而已）变得太容易了。只要懂得打字，谁都可以成为“写手”“记者”。与此同时，媒体的数量也多了，竞争空前激烈，使这个行业不再如当年那般风光，有的甚至面临生存压力。所以，媒体采用稿件乃至招录人员也只好降格以求，不敢对写作基本功提起码的要求。各路人马齐上场，难免泥沙俱下，面对这种局面，出现大量的缺乏常识的文稿也就不足为奇了。

另一方面，是写手们对文字的敬畏感弱化了。受浮躁气场的影响，一些原本淡定的写作者也不再淡定；因为缺乏基本的素养，部分写手想怎么写就怎么写，既不重视文稿质量，也不顾虑传播之后的影响，纯粹把码字当作饭碗或游戏。在许多人眼里，连“白纸黑字”也不再那么严肃了，何况虚幻的网络空间。记得上世纪末在报社上班时，文稿“三审制”执行得多严格，就连总编们在看大样时，也是趴在桌上逐字逐句审读（普通编辑更不用说了）；报纸出版后，每天的编前会评报，也是鸡蛋里挑骨头般的苛刻，让人写稿、编稿不敢有丝毫大意。而现在呢，不知有几家媒体（尤其是所谓的新媒体）能做到如此这般？有的报社，连校对岗位都取消了。很多稿件，也许连作者自己都不愿读一遍，哪能不出错呢？

别小看这些缺乏常识的稿件，它们说不定就带动了大批缺乏常识的读者。很多读者本来就鉴别能力不足，你怎么说他就怎么信，以讹传讹之事因此比比皆是。记得某年，有个地方媒体的记者在写报道时将他们县委书记的表述写成“县委常委、县委书记某某某”，这本来已经够“逗”了，没想到，他的一位同事看了报道后，煞有介事地告诉别人：“咱们书记最近又提拔了，不仅是县委书记，而且是县委常委了……”真是没有最“逗”，只有更“逗”呵！

如此说来，一篇简单的稿件缺乏常识，并不是一个无关紧要的小问题呢。所以，有必要提醒作者在下笔之前、编辑在审稿之时，时常问问自己对所说的事有没弄懂，有没看清，不懂就多问多学，千万不可想当然，更不可信口开河。这样，才不至于“以其昏昏，使人昭昭”。

2017年11月3日之夜

为"壳"所累难致远

认识一位业余"文学中年"。此君近些年为着加入某级作协、获得某个奖项而劳心劳力，今天跑省城请某位"大师"级人物帮忙，明天奔京城托某位泰斗级前辈说话……忙碌的时间也不算短了，收效却似乎不是很理想，为此，他常常感到心情焦虑。

在我看来，莫说业余作者，就是专业作家，也无须为了会员、奖项之类而如此上心啊。你既然是个写作者，就应当致力写出优秀作品，凭实绩安身立命（或者说得俗气一点"扬名立万"）才对，那些头衔、证书真有那么重要吗？这股劲儿，怕是使错了地方吧。

这位"文学中年"对我的肤浅认识当然很不以为然。他严肃地告诉我，会员证、荣誉证并非你想象得那么简单，有了这些东西，就有机会参加圈子里的许多活动，就有机会争取更上一级的头衔、荣誉，聚餐时就有可能在上席或上席旁就坐，发言时就可以优先甚至超时……总之，咱们这个圈子的人，还真是就看重这些、在乎这些，你没有这些东西，怎么说都是"打酱油"的。

哦，原来人家的目标只是"混圈子"，为着一时一地的"面子"而奋斗，难怪乐意背负层层叠叠的这"壳"那"壳"而不嫌累。

望着"文学中年"匆匆远去的背影，我不禁悄然叹息。我悲观地认为，如果他真的是奔着那个目的而去，为之"衣带渐宽终不悔"，那充其量也就只能在"圈子"里混混了，要想真正出大作、真正成为读者心目中或文学史上有分量的作家，那是没指望了。

有则寓言说，一只乌龟修炼了千年，却总是无法成正果。乌龟对此深表不满，认为上天亏待了它。后来总算碰到机会托人询问佛祖。佛祖说，原因很简单，因为它始终舍不得那个壳。

舍不得那个壳，怎么修炼都还是乌龟。如果世上真有佛有神有修炼之说，相信这则寓言的逻辑是可以成立的。

为“壳”所累难致远。但凡为虚名而奔波操劳者，最终都可能是穷折腾，难有大作为。一个人的时间与精力，总量是不变的，就看你如何合理分配。你用“大头”主攻虚名，就必然影响干实事。虚名有时通过“包装”“取巧”，的确来得容易，但如果它大得盖过了实际水平，为了不让其穿帮，你还必须花更多的精力维护它。一旦陷入这种恶性循环，一个光鲜的外表就可能把你的时间精力全耗尽了，而且压得你的内心苦不堪言。这时，你就真正是为“壳”所累了。

没有作品说话，你就是靠“人脉”加入了某级作协，靠“运作”拿下了某个奖项，结果又能如何？除了收获圈子里那些廉价的恭维，其他转眼就成了“浮云”，风一吹就散去了，留不下一丝痕迹。读者和时光老人是睿智的，他们根本不在乎你那些表面耀眼的光环。到头来，当你发现经久的“努力”都是徒劳，一大堆的头衔改变不了两手空空的结果，那就只剩下一肚子的懊恼了。

何止从文，从商、从政等等莫不如此。没有两把刷子，把企业名头吹得再大，把屁股下的交椅弄得再大，最终都经不起岁月的检验。岁月无情，此言不虚，它会让一切现出原形。所有的貌似高明的表演，在它面前其实都是幼稚可笑的。

所以，真正的智者往往对所谓的“名”看得淡，至少不会刻意追求。庄子说：“名者，实之宾也。”冠名是需要资格的，实至则名归，不是你想吹就可以怎样吹。名与实的关系如此清晰，把求名的功夫做得太足而忽略务实，显然是本末倒置。泰戈尔有一句名言：“鸟翼上系上了黄金，这鸟便永远不能再在天上翱翔了。”“名”就像黄金一样是身外物，如果把它放在太重要的位置，反而影响“翅膀”发挥作用。要想飞得高，最管用的还是把翅膀练结实些！

征实则效存，徇名则功浅。人生有涯，何必为“壳”所累？把有限的时间和精力集中起来做些实实在在的事，出些实实在在的成绩，远比挖空心思钻营攫取那些虚名更有意义。

2018年2月9日之夜

时评何妨“慢一拍”

好几次，在网上读到令人情绪激动的新闻，差点拍案而起，奋笔直书胸臆，只是由于被其他事情耽误才暂时作罢。待到有暇时再来关注此事，却发现剧情出现逆转了：根据有关媒体的进一步报道，事情原来并非最初说的那么回事。

面对这种情况，与“新闻”的始作俑者共同尴尬的，往往还有若干名“出手如电”的时评写手。

随着新闻传播的日益便捷，时评成了当前流行的文体之一。早在十几年前，互联网还没这么牛，纸媒风头正健时，许多报纸便“不约而同”（其实是大报引领，小报跟风）纷纷开设时评专版。由于“产量”太大，许多文章当然是模式化的，内容也可能是人云亦云的，甚至报纸的版式风格也大同小异。我曾经认为，总有一天，这种版面会因为读者的审美疲劳而销声匿迹。然而，时至今日，时评仍呈方兴未艾之势，尤其是网媒风头盖过纸媒后，时评发表的门槛更低了，各路写手更是纷纷加盟。有的作者，据说一天可以写几篇，多则多矣，快则快耳，但从其行文结构来看，人家已经把这活儿经营成“流水线”作业了。

时评既然是新闻评论，当然和新闻报道本身一样，在很多人看来，速度是第一位的，效率优于质量。然而，我却觉得，有时候，时评还是可以放慢一拍，不要那么急，看清楚想明白再说。

时评依托的素材来自新闻事件。可事实上，网媒时代，很多新闻的时效虽然提速了，可真实性、准确性却得不到保证。说句不好听的话，与若干年前相比，如今新闻从业的门槛也和文章发表的门槛一样降低了，有些从业者职业素养未达标，要么社会责任心不够，要么执业能力不足，在很大程度上影响了新闻的真实性、准确性。为了追求时效或出于其他目的，有些报道者在没把事实弄清楚的情况下就根据道听途说或想当然匆匆发布。而时评作者一般不在现场，也不在新闻发生地生活，仅凭一家之言，怎么能随便确定立场？一不小心，就可能随着报道一起出错。

更何况，网络传媒的特点有别于传统载体，它在传播的过程中，动态性、碎片化特征更明显。事物本身尚未沉淀下来，完全处在动态发展中，再加上发布者的主观因素，呈现假象、出现谬误的可能性自然就增大了。在这种情况下，写时评更要慎之又慎，三思而落笔。否则，基于一个被切割或者被歪曲的素材得出一个似是而非的观点，那就成了混淆黑白、扰乱视听的“帮凶”了，后果可能比假报道本身还严重。

《杂文月刊》杂志曾经有一个栏目叫“热点冷评”，我觉得还是挺有借鉴意义的。杂志出版周期长，没法和报纸比，但这不影响它关注新闻时事。根据杂志出版特点，待“热点”冷却之后再来细分析，时效虽然差了一点，但道理却可能更过得了硬。喧嚣的场面冷下来、悬浮的信息沉下来之后，当然更容易辨出真伪，更容易发现真相，更容易得到启示。你能说这种评论是“马后炮”吗？

所以，时评其实还是可以“慢”下来的。不管是写作者还是编发者，心情都无须那么急躁。在对事情的了解、认识没有充分的把握之前，暂时保持沉默，其实也是一种积极态度。在沉默中冷静观察，在观察中深入思索，通过后续报道、通过其他媒体的介入获取更详尽的信息，对于你的立场、观点，定然大有益处。

对新闻来说，真实性是生命，它远比时效重要；对时评来说，观点的正确，无疑也要重于写作的速度。观点是时评的灵魂。为了观点立得住、有力量、经得起时间的检验，把写作速度适当降下来，值！

2018年3月19日之夜

“水浒市”及地名、区划

3月26日，在济南举行的全国省级山东商会会长座谈会上，河南省山东商会会长刘继臣提了个成立“水浒市”的建议：将与水浒有关联的县整合，统一规划、管理，充分发挥文化品牌效益，让游客进得来，留得住，还想来。用该商会发布的报道来说，“刘继臣会长座谈会上的发言引起不小的轰动，两天来，成为山东各界议论的热点”。

刘继臣的发言有没成为山东各界议论的热点我不知道，但在网上，倒是的确产生了一些反响。不过，从网友们的反应来看，似乎多数人对此高论是不以为然的。

姑且不说新设立一个地级市牵涉面之广，单就其是否存在必要性来看，我觉得，根本无需如此。发展旅游靠的是资源禀赋、经营水平等真家伙真功夫，不差一个“好名字”。梁山等地如果有看点，游客才不管你是属济宁市管辖还是归“水浒市”领导；反之，如果这个地方没什么看头，你就是弄个再大的名称，也难以真正让游客“进得来，留得住，还想来”。

换言之，如果一个“水浒市”的叫法就能改变旅游格局，那么，是不是还要在“水浒市”下面再设一个“金瓶梅区”？是不是还要在当年的赤壁一带成立“三国省”？《红楼梦》《西游记》《聊斋志异》《儒林外传》等小说名著，以及诗歌、散文、戏剧等方面的其他文学名作又该如何安排？想想都有点晕了啊。

所以，是不是叫“水浒市”，根本不是决定当地旅游能否做起来的关键因素。有人说，张家界（原名大庸市）就是因为名字改得好才有了今天。果真如此吗？我却觉得，以张家界那一大片不可复制的奇丽山景，只要被人发现了，不管它叫什么名字（哪怕阿猫阿狗这么普通的名字），照样挡不住游人热切的脚步！

地名和人名一样，也就是个方便称呼的符号而已，只要你有足够的内涵，不管叫什么名字，人们都会赋予你不一样的意义。如果自身太普通，名字再响亮也没人关注。改地名如同改人名，实在不是个方便的事情，当然也就不是一个很妙的选择。名字越多，越容易让人糊涂。你太在乎那个叫法，不断与时俱进更换称呼，说不定反而让人不知道你到底是谁了。这些年，改名的地方不少，有些据说很成功（可还是让人怀疑：当初要是不走“更名”路线，而多花点功夫做强内功、打响外宣，难道该地的经济就会上不去？那么上海、深圳等地的发达又该如何解释？），但不管怎么样，它终究是给人们的记忆与认识理解等增加了负担。

至于说到行政区划的调整，那就更要慎之又慎了。历史上，区划调整与地名更换经常联系在一起，所以，凡是历史悠久的地方，说到这个地方的历代称谓，常常让人晕头转向。如赣州，一千多年前曾经“南康郡”“虔州”的称谓换来换去，更别说还有其他名称以及分设两三个地区的情形了，不细查资料，你根本说不准某个时期它叫什么名字、管了哪些地方。古人爱更名、爱调整区划，那是他们的事，我们管不了也没法管，但今天完全可以吸取历史教训，尽量少在这方面折腾，以免给我们的后人增加麻烦。其实，现在经济一体化，解决行政区划局限的问题已根本不是问题，区域协作空间广阔、形式多样，何必非得盯着新设、调整行政区划这样的劳民伤财的事呢？

2018年4月3日之夜

倒车上坎

与朋友下乡，行至途中，遇到一段正在翻修的路，新路与老路接合处，有一道明显的坎。习惯了城市道路的小车，因为底盘太低，试了几次也上不去。天色已晚，前不着村后不着店的，想找个工具相助也难。正当无计可施之际，同行的吴君提出一个方案：把车头调过来，改为倒车而上。

按这个办法一试，果然，问题迎刃而解——因为车子后部底座偏高，改为倒车方式后，后轮可轻易上去，而此时前轮也把前方的底座顺势抬起了，小车底盘也就不再与那道坎“亲密”碰磕。

换个方式，倒车上坎，效果完全不一样。这就是人们常说的“思路一变天地宽”呵，拿这件小事来说，这一变，还真是至关重要，否则就只能继续受困于此了。

我常常觉得，一件事能办到什么程度，一个人能走到什么地步，思维方式非常重要。“一根筋”的人，也许可以把已有既定模式的事情做得很认真，干得很出彩，但要让它更上层楼，焕然一新，则勉为其难，近乎苛求。社会的进步，主要还是靠“发散型思维”来推动。思维发散，就经常创新，就能更大限度地探索世界的真相，更大程度地挖掘出事物的各种可能。改革开放之所以能取得今天的成就，不就是得益于当时换种模式干事创业，极大地解放了生产力？

被称为“圣人”的王阳明，幼年与爷爷等长辈赏月时曾有一首“打油诗”：山近月远觉月小，便道此山大于月。若人有眼大如天，还见山小月更阔。这首诗能够流传下来，固然与王阳明日后的成就有关（所谓“名人效应”），但平心而论，对一个孩童而言，其看问题的角度，的确让长辈们震撼。小小年纪就有这样的思维方式，以独特的视角看问题，难怪王阳明能成为“三不朽”的人物。

换个角度看问题，需要养成良好的思维习惯。要时刻想到，世界是多元的，事物是多面的，很多事情并没有“标准答案”。横看成岭侧成峰，站在不同的角度，必有不同的收获，只要你勤于变换位置。曹冲称象的故事大家都知道，没有这么大的秤，怎么办？总不可能把大象给分尸了吧。办法还是有的，那就是寻找可拆分的代替物。这就是思维的作用。人们常说：“办法总比困难多。”这话基本在理，若非如此，世界怎么能有如许发展？

养成良好的思维习惯，需要破除思维定式。惯性未必一向有效，经验未必总是可靠。“人云亦云”是思维固化的重要原因，它使人习惯偷懒，甘愿跟着别人的感觉走。这种按部就班的处事方式，只会让人衰退落伍。与此相比较，我们更需要的是质疑精神。人的认知是有限的，前人或名人说的也不一定全对，每个人都可以勇敢、主动地以自己的方式进行思索。敢于怀疑，敢于否定，才能踩出新路，拓出新天。哥白尼质疑“地心说”，所以形成了他的“日心说”；王守仁质疑先贤朱熹，于是有了阳明心学的大成；袁隆平质疑“无性杂交”学说，杂交水稻由此“柳暗花明又一村”。质疑，推动着历史车轮在“否定之否定”中不停步地滚滚向前。

良好的思维，来自善于动脑的习惯，更来自生动的社会实践。以前面提到的那位吴君为例，他曾在某单位担任办公室主任多年，接触面广，学习精神强，平日处理的事情比普通人员多，所以在很多细节中可以看出其动手解决问题的能力。这就是“历练”的结果。办法不是凭空从天上掉下来的，见多识广，博采众长，断而敢行，办法才会多起来。向书本学，向社会学，向每一个人学，“读万卷书，行万里路”，尤其注重“事上练”，能力提升必定“功到自然成”。

换个角度，海阔天空。时刻保持活跃思维，积极投身火热实践，人生将变得更绚丽，世界将变得更多彩。

2018年10月29日之夜

偷换概念非私事

据媒体报道：湖南湘潭的一名家长，花一万元为九岁的孩子参加一部儿童网络电影的“一号角色”选拔报名。但拍摄后，他发现孩子仅有三个镜头加一句台词，“一号角色”前面还有七名“主演”。家长认为遭到了欺诈，将影视公司告上法庭。（2018年第18期《廉政瞭望》）

“一号角色”原来排名第八，为了让“配角”增值卖个好价钱，这家影视公司想出这样的招数，也算是很“拼”了。当然，这个“创意”其实也不是太新鲜，类似的手法，在此之前早有人使用过，只不过因为没有引起官司，闻者一笑而过罢了。即以影视界为例，很多年前，某些影视剧便在“主演”（不止一名）前面增设了若干名“领衔主演”，如果把那些名字割裂开来看，谁知道谁才是真正的“主演”呢！

再举个生活中的例子。一位朋友的小孩，就读于某重点中学的重点班。乡下人进城的我，一辈子没上过重点学校重点班，一直以为这孩子是学校的佼佼者，难免对朋友的“教子有方”赞赏有加。直到某一天，在这个学校任教的一位同窗告诉我，在他们那里，所谓“重点班”，其实就是以前我们所说的“普通班”；而真正的“重点班”，则另外取了专用名称，而且还分为几个层次，每个层次均有不同的叫法。原来，闹了半天，在这个学校，“重点班”居然还是最差的一个班。如此改名换姓，让你够晕了吧？

那么，吃瓜群众难免忍不住要问了：有关单位如此偷换概念，到底是何居心？总不能纯粹是为了好玩或者秀智商吧？当然不是。依我浅见，此事说起来，首先无非是出于一个“利”字。原本排名第八的次要角色，如果老打老实叫价，理论上是怎么也卖不出一个好价钱的。现在脑筋稍稍一转，给它取个“如雷贯耳”般的称号，价格很快就翻上多少倍了。这种无本万利的生意，当然值！同样的，原本不受关注的普通班级，突然给它冠以一个让多少人梦寐以求的“重点班”名号，身价自然也要看涨了，说不定这个班被“趋之若鹜”的大好形势就这样轻松实现了。至于是否欺世盗名，行事者才不管呢，人家追求的又不是“天长地久”，而只是当下利益而已。

另一个目的，则应当是图“名”。这个“名”，当然只是个虚名，利用者和被利用者也许都有那么一种意思在里面，只不过遮遮掩掩不愿道破而已。普通班更名为“重点班”，说出去多好听呀，老师、学生、家长脸上都有光，何乐而不为？尽管有点掩耳盗铃、自欺欺人的味道，但和所获的“荣耀”相比，那根本算不了什么事。同样的，“一号角色”如果收费不是太贵，我看也会有人乐意接受的。你看那么多人喜欢穿假名牌（以致冒牌货盛行）就知道了，虚荣心，并非个别人的专用名词！

如果只是关起门，在自家屋子里自娱自乐，那么，任由你把自己改称为宇宙超人或者阿猫阿狗，别人也是管不了这个闲事的。问题是，上述这些事例，并非关起门来玩游戏那种性质的，它涉及他人利益，甚至涉及公共事务，那么，就不是自得其乐的“私事”那么简单了。

偷换概念的行为混淆视听，对该概念的本义造成侵害，容易引起认知的混乱。词义是约定俗成，有着公共标准的，岂容自说自话，随意更改？如果每个人都可以根据自己的需要，各行其是，胡乱定义，长此以往，地方与地方、群体与群体、个人与个人之间，岂非纠纷不断，乱成一团，还能不能正常交流了？

偷换概念冲击了诚信建设，助长虚荣歪风。当今社会，本来就由于道德滑坡等因素，存在一定的信任危机，正需各界共同发力，使诚信诚实成为社会主流风尚。任由“一号角色”这样的把戏蔓延开去，只会加剧败坏社会风气，让虚荣成风，使追名逐利者失去底线，理应受到人们的自觉抵制。

从法律角度来说，偷换概念还是一种欺诈行为。挖空心思“换个说法”，说穿了就是利用不正当手段诱使别人多作“贡献”，和那些以次充优、假冒仿造之类的行为其实没多大的差别。据前述报道，湘潭“一号角色”这件事，法院认为，影视公司有意混淆“一号角色”与“主演”的概念，涉嫌欺诈，判决其退还6800元并承担诉讼费用。到了必要的时候，受害人就应该用法律来解决问题，维护自身权益。而对于那些还没闹到“法庭上见”这个地步的事情，有关职能部门为着净化社会风气计，是否也应该主动介入管一管呢？

2019年3月25日之夜

“神医辈出”的背后必有不作为

随着“百亿保健帝国”权健的轰然倒塌，孤陋寡闻的我又知道了一个原本不值得知晓的名字“束昱辉”。看了2019年第1期《廉政瞭望》刊发的相关报道才知道，多年前，江湖上还没有“束昱辉”这号人物，只有一个出身农家、技校毕业的电工束必和。尽管收入微薄，束必和却痴迷于赌博。一次赌牌时，遇到警方突击，束必和破窗而出，自此音信全无。多年后人们才知道，束必和北上天津，改名束昱辉，成为医疗养生专家，商界大佬。报道还配了一张束昱辉乘坐自家的直升飞机的图片，“再现”其当年的风光场面。

这年头，当什么都似乎不如当“神医”容易，实在找不到事做就去做“神医”吧，没准几天工夫就火起来了。你看人家束必和，从一个流浪汉到众人追捧的“神医”，并建立起百亿保健帝国，也就那么十几年的事，很难想象吧？

束昱辉当然不是第一个神速火爆起来的“神医”。在他之前，如此这般创造神话的名字还有一大串呢。“把吃出来的病吃回去”的张悟本，各位亲们仔细想想，这名字是不是有点耳熟？还有“神医大侠”萧某某、“刘太医”刘某某以及同样的畅销书红人某“健康教母”……这些走马灯般“闪亮”登场的人物，以及那些五花八门在电视上叫嚣不停的各式保健“神药”，不知大家曾记否？或许，好多已经忘得差不多了，毕竟，因为太多，所以遗忘——理解理解。

“神医”辈出，“神药”泛滥，不仅是消费者记性差的原因，在它的背后，必定还隐藏着某些部门的不作为。

一代代“神医”们炮制的那些荒诞不经的谬论，为什么能够一次次成为保健养生领域的“时代强音”？瓦釜雷鸣之际，黄钟大吕干啥去了？面对歪理邪说，有关职能部门、权威机构不及时发声，以正视听，这就是对公众不负责，对纳税人提供的办公经费和那份薪水不负责。在“乱花渐欲迷人眼”的时节，无所适从的普通百姓，最需要的就是权威部门答疑解惑——注意：是论据充分、观点鲜明的解释，而不是模棱两可的打哈哈。掌握了真理和话语权而不及时正确发声，这就是不担当不作为！

“神医”们利用媒体自吹自擂，尤其是对某些产品不着边际地夸大其词，有关职能部门为什么没有依法及时制止，让这些传播载体成了他们牟利的工具？产品宣传必须实事求是，否则就涉嫌欺诈，就可能违法，这是很浅显的道理。可是，这么多年来，当满屏的“保健品”噪声吵得你心烦意乱时，有关部门难道在打瞌睡，或者是干脆在装睡？没有传媒工具如此卖力地助一臂之力，咱老百姓想上当只怕也没那么多机会呵。

“神医”们一手炮制的各式“神药”，在市场大行其道，尤其是利用老年人“长生不老”心切的心理特点，连蒙带骗搞促销，有关职能部门岂能视而不见？一条普通毛巾可以包治百病，一颗面粉丸子可以延年益寿，几块钱的东西开出几百上千块的价，产品卖成这样，迟早要出大事。到了那个时候才来“高度重视”，采取“得力措施”，是不是太晚了点？某些职能部门为什么不能抓早抓小，把净化市场的工作做到前面？

至于给某些“神医”授予这个荣誉那个称号之类的做法，更是说明相关部门把关不严，用人失察。别小看这些虚名，它们可是推波助澜的利器，而且一波一波地绵绵发力，威力巨大，影响深远。寻常百姓也许原本对诸如从流浪汉脱胎换骨而来的“神医”尚存几分疑虑，现在一看连官方都如此这般高度认可了，那还有不相信的理由了吗？对于会“运作”的人来说，头衔就是生产力，头衔就是真金白银，要不然为什么某些人拼了血本也要弄几个头衔呢。

说到底，这些年医疗保健行业折腾出这么多闹剧，是因为“神医”们不是一个人在努力，并非一个人在“战斗”。他们的“功成名就”，除了依赖群众常识少、记性差这些弱点，更重要的还是拜托了某些职能部门的不作为。正是因为某些职能部门睁一只眼闭一只眼甚至可能两只眼都闭着（为什么会这样？背后是否还深藏着其他名堂？真是“细思极恐”矣），“神医”们的“神技”与“神药”才可以上下其手，大行其道，所向披靡，如入无人之境。前面说了，最近几十年以来“神医辈出”，東必和不是第一个，现在我们想知道的是，他能成为最后一个吗？

2019年4月18日之夜

上错车

同乡大杨说，朋友老温从外地回来了，晚上一起聚聚，到时他会请人开车过来接我。

下班时，接到电话。来电者自称是大杨的表弟，受大杨之托，正在赶来接我的路上，问我要具体地点。告诉他在市政中心东大门旁碰头，并请他告知车号。大杨的表弟说，车子是某某颜色某某品牌某某型的，说了一大通。我说，不用这么复杂，你还是直接把车号报给我就行了。于是，他把这一小串数字说了一遍。

几分钟后，下楼，来到市政中心东大门旁，见这里果然停着一辆某某颜色某某品牌某某型的小车。瞥了一眼车号，却发现数字对不上。于是，小心地问了一下司机，小伙子说，他是受公司老板的委托来接一个客户的，但他不知道大杨是谁。

莫非大杨的表弟跑错了地方，在市政中心另一个大门等我？赶紧打回电话去，大杨的表弟接了。听说我没看到他的车，他大吃一惊，脱口而出：“天哪，你不是在我车上吗？我都接上你快到吃饭的地方了啊！”原来，他几分钟前就已经拉着一个人出发了。这个人，显然是眼前这辆车要接的客户。

果然，几分钟后，大杨的表弟把车开回来，一名乘客开门跳下来，嘴里连说“不好意思不好意思”，奔向眼前这辆车。仔细一看，巧的是，这人居然还是我以前的一个邻居。大杨的表弟向我解释，刚才那人一看到他的车就拉开车门上车，坐在后座没吭声，他也就没多问，默默地开了车便走，没想到闹出了这么滑稽的一幕。

要不是我看了一眼车牌，那天，我们两个等车的人都要上错车了。若是如此，待得到了目的地，那份尴尬就比此时还要严重多了。

我观察过，在等车这个事情上，相对于枯燥的数字，人们似乎更喜欢关注形象的车型、颜色甚至周边环境。又一次，某机构派车接我去讲课。当时是休息日，司机按约把车开到小区门口的马路边后，再打电话通知我。当我问他车号时，他却不厌其烦地告诉我，车子是什么外表，车子前面停着一辆小轿车，后面停着一辆大货车。我还是坚定地告诉他，只有车号才让人觉得靠谱，请说车号。

出门后，根据车号，准确地在一长排的汽车当中找到了前来接我的车。我告诉司机，你刚才说的前后有什么车，其实是个“伪命题”，是特别靠不住的：因为你说的是当时的情形，也许一分钟后，情况就发生了变化，前面或后面的那辆车就开走了——司机回头一看，果然，他在电话里告诉我的那辆大货车，不知什么时候已悄然离场了。司机是出租车公司的， 经常到各地接人，听我这么一说，给我补充了几例他自己经历的接错人的遭遇。原来，上错车这种情况还不是极个别呢。

只有车号才是唯一的（碰上冒牌除外），才是汽车最有效的识别标志。这么简单的道理，却被很多天天开车或坐车的人忽略了。只因为他们对这样的小问题未曾多想一层。司空见惯的事，人们总是觉得依习惯、凭印象、靠感觉处理就行了，至于其特征或本质是什么，反而忽略了、淡忘了。

如果拿到工作上来说，这其实就是思维方式或者方法论的问题。很多人一天到晚忙忙碌碌，貌似累得疲惫不堪，可是工作效果却不值一提，也许一年忙到头依然两手空空一事无成。这种人如果是个普通员工，还只是自己受累而不知其所以然；如果是领导者，则不仅累坏了自己，还要累垮手下一帮人。为什么会这样？就是看问题抓不住关键，抓不住要害，一句话能解决的问题，偏偏被他演绎成千万句；轻轻松松能办成的事情，却被他折腾得比登天还难比造原子弹还复杂。简单的问题复杂化，正是这种思路不清晰、办事不得要领的人的拿手好戏。

一个人思维方式的形成，往往来自日常的点点滴滴中，而改变它，也不妨从那些貌似无关紧要的小事做起。当然，首先需要我们对自己处事过程中存在的某些问题有所觉察，有所反思，这样才会自觉克服，主动改进。所以，当自己被各种事务累得够呛时，当部下被工作磨得怨声载道时，我们或许有必要想想：自己施行的做法，是不是最科学有效的？除此之外，有没有更合理的解决方式？

避免上错车，请报车牌号，事情就这么简单。举网提纲，振裘持领。抓住根本，把握关键，突出重点，你会发现，很多事情，真的没有你想象得那么复杂。

2019年6月5日之夜

廉官“李有叔”，原来是误读

在《南方周末》读到马斗全先生的一篇短文《“李有叔”之说可以休矣》（2019年10月31日C24版），既有知识性，又有启示意义，在此不妨略作推介。

马斗全先生在文中说，见到许多文章谈到“灭烛看家书”这则故事时，对其主人公或说“古时候有个李有叔”，或说“宋朝李有叔”。“李有叔”这个“名人”因而被众多媒体传播，甚至成为许多中学的语文试题、作文素材。然而，“灭烛看家书”之事虽在北宋朱弁的《曲洧旧闻》、周紫芝的《竹坡诗话》等古籍有记载，但在古代却没有哪本书说过该官员名叫“李有叔”。

经马斗全先生细心考证，终于把事情弄清楚了：原来，该故事的主人公之所以成为“李有叔”，是当代某些作者误读了古书《昨非庵日纂》所转述的“李京兆有叔，尝为博守，忘其名”一句，以为“李有叔”是一个人的名字，因此以讹传讹，不可收拾。

“李京兆有个叔叔，曾经做过博州太守，忘了他叫什么名字。”很简单的一句话，结果被断章取义捣弄出了一个著名清官“李有叔”，还被人们奉为“廉政楷模”津津乐道，若非马斗全先生这番较真，普通读者哪知道这是我们这个时代闹出的一个笑话？

虽然不是什么很大的事，但我支持马斗全先生花这么大的功夫去正本清源，而且乐意做个“二传手”，宣传马斗全先生的研究成果。但愿这个谬误经马斗全先生指出后，有更多的读者接受，让它到此为止，不再流传后世。

借这个话题，不妨多说几句。

面对文字“晃一眼”，便不假思索胡乱断句或张冠李戴之事，其实并不少见，很多人都犯过这样的错误。早年有个笑话说，某文工团到一偏僻之地演出，当地文化程度不高的领导致词：“热烈欢迎某某文工团长途跋涉来到我地演出……”念到这一句，领导狠狠地握握团长的手，饱含深情地说道：“途跋涉同志，你辛苦了！”又如一个段子里所说的某公坐车经过武汉市长江大桥，见桥名，喃喃自语：“武汉市长——江大桥？不会是我那个大学同窗江大桥吧？”这类笑话，和“李有叔”倒是有异曲同工之妙。当然，它们只是逗你乐一乐而已，无伤大雅。但如果是正儿八经写文章、做学问也是这种态度，那就可能遗毒无穷了。

和段子相映成趣的真实事例，当然也是有的。赣南乡贤、唐代的“江南第一宰相”钟绍京，史载“以工书直凤阁”，说的是他因为书法好而在“凤阁”（即中书省，武则天即位后将之改为“凤阁”）当值（“直”通“值”），但本地有的文化人提到这事时，却以为钟绍京上班的单位就叫“直凤阁”。这样的文章流传出去，少不了又得误导若干读者。还有的文化学者写文史类的文章，引述的东西不加查证便发表出去，让人咋舌。以这种方式治学，不出纰漏才怪。但凡听说哪个做学问的人不备工具书、没有查阅资料的习惯，我就不敢太相信他的研究成果。

廉官“李有叔”的故事，再次提醒我们，读书写作一定要细致，对文字要有敬畏之心。普通人嘴上说说倒也罢了，纵算以讹传讹，影响力也是有限的，人家听了可能就忘了，至少不至于拿来充当权威论据；若是文化人著书立说，白纸黑字地流传出去，那就必须十分严谨，人名、地名、时间、事实等等因素，都是错不得的，一错就可能误导一大片，影响千百年。包括转述、引用他人的文章内容，也是同样的道理，如果不加甄别随意转引，便很有可能成为以讹传讹的帮手。

而说到为“李有叔”正名之类的事情，则需要文化界多一些马斗全先生这样的爱挑刺、敢较真的人，文化人多一些敢于质疑的精神。马斗全先生的风格形成已久。二十多年前我在《赣南日报》做编辑，便曾编发过他的文章，知道他是个“字句必较”的人，不仅多次批评名家的谬误，甚至为了纠错而打官司。这么多年过去，马斗全先生虽然早已退休，但还时常能看到他的这类文章，令人敬佩之余，也希望这种学术文化界的较真劲能成为一种风尚，文化批评能成为一种正常行为，而别只剩下几个不置可否的“哈哈”或一文不值的点赞。

2019年11月7日之夜

过度城市化的三大隐忧

新冠肺炎之祸，料来可以让国人长点记性了。这场灾难暴露的诸多问题，需要人们认认真真地花点时间去深刻反思。借此机会，我也想旧话重提，再次聊聊近年来一直与朋友们交流的“过度城市化”问题。

轰轰烈烈的城市化运动已经热闹几十年了，至今仍不见降温的迹象。如今，在中东部地区，随便一个县城，其规模往往也不在数十年前的地级城市之下。几十万人口简直不好意思叫“市”了，城区几百万人口成了众多地级市追求的目标。上千万人口的城市也越来越多，而且落户的条件似乎比以前还宽松。城市让人们的生活更美好，然而，过度的城市化，人口超级密集的城市化，把乡村给消解了的城市化，是否真正让人们的生活越来越美好？对此，我一直不敢太乐观地估计。

这些年，我常常向朋友们灌输过度城市化的“三大威胁论”，即疫情威胁、战争威胁、生态威胁。当然，这是带了调侃意味的，只是普通市民的一己之见，也许让专家们见笑了。为了不那么危言耸听，我想，把它们改为“三大隐忧”可能会更合适些。在此不揣简陋，不妨稍稍展开来说说。

疫情隐忧。人类历史上，重大疫情事件并不少，造成的灾难可谓骇人听闻。如今虽说科技进步了，但病毒也没止步不前，疫情对人类的威胁依然不可轻视。城市太大，如果出现重大疫情，应对的成本有多大？导致的后果有多严重？这个问题，其实不难想象。城市大了，人口流动必然频繁，控制人口流动本身就是个难题；而采取封城之类的措施进行管控，几百万上千万人的日常供应又是个大问题。更何况，城市大，人口密度也大，病毒的传播速度必然惊人，医疗救护面临的挑战也更加严峻。2003年冒出个“非典”之后，我就一直担心今后还会有比它更可怕的疫情出现。我曾经多次问朋友们：谁敢担保不再出现类似的甚至更厉害的病毒？当然没人敢回答。倒是最近才知道，去年全国两会期间，中国疾控中心主任、中国科学院院士高福专家曾经信心满满地说过，不会再出现“非典”那样的类似事件。没想到，一年还没过去，新冠肺炎就轻轻地把所有的牛皮都戳破了。所以说，人命关天的事，千万不能瞎吹牛啊，专家尤其不可信口开河。至于新冠肺炎是不是疫情的终结者？如果谁果然天真地像某些“励志作品”那样认为“从此无疫”，那么今后只怕还有更大的罪要受。

战争隐忧。自从20世纪二战结束以来，和平成为世界的主流。尤其是最近几十年，战争离我们似乎远了。但是放眼全球，仍然可见有些地区长期处于战争状态。而回溯历史长河，载入史册的重大战争更是不计其数。对于幸运的我们来说，居安思危才是理智的选择。从战争这个角度来说，一个国家如果发展得只剩下城市，就意味着没了广阔的后方。当年日本侵略者为什么没能按设想迅速占领中国？其中一个原因就是我们的后方太广大，他一时吃不住。完成城市化之后，往后的岁月还漫长着，万一哪天发生战乱，人员往哪里疏散？你想去乡下投奔你的大哥？对不起，别忘了，你大哥早就在你隔壁那个小区定居了。所以，看到那些小城市动辄起宏图，想要发展成三五百万人口的“国际化大都市”，我心里就不禁有点紧张。偌大一个国家，如果发展到只剩下几百个大城市，能让人感到踏实吗？但愿这只是杞人之忧。

生态隐忧。如果说前面两个隐忧出现的可能性是偶然的，那么生态隐忧则是必然的。一方水土养一方人，但这方水土养多少人为宜？其负荷应该是有个限度的。试想：如果一块土地只能承载百万人，实际却居住着几百万上千万人，这么多人生活在一起，第一个离不开的是什么？当然是水。人口过多之后，用水的问题怎么办？要么不顾后果过度抽取地下水，要么不计成本从远处调水。过度抽取地下水，意味着地下水可能断流，进而意味着这块土地将生长不了东西，也就是沙漠化的危险即将来临（此外还有地面下沉等危险）。从远处调水，意味着将改变流域范围的生态，这样做，三五年或许没问题，三五十年、三五百年后，也许问题就大了。所以，人口过度聚居，必然带来生态方面的问题。这在历史上其实也是有先例的。以西安为例，现在的西安，据说有沙尘暴了。但人们是否知道，据有关史料，唐朝以前的西安

（长安），生态环境极佳，周边八河环流，古木参天，被称为“天府”“陆海”？就因为其人口超过了承载负荷，森林砍伐无节，耕地开垦过度，水资源日趋枯竭，西安最终退化成了现在这样。人们如果不吸取教训，还将有多少“天府”“陆海”步其后尘？

城市太大，麻烦不少。过度城市化产生的“大城市病”，其实已降低了人们的幸福指数。我记得20世纪80年代读初中时，地理教科书就说了，城市化方向是控制发展大城市，合理发展中等城市，积极发展小城镇。而当时的大城市标准是50万人口以上，小城镇是20万人口以下。现在，大中小城市的标准也修订了，大城市人口早就是百万起步了，其发展方向反而不再是“控制”，事实上变成“积极发展”了。这步子，是不是迈得大了点？

有人说，没有城市化，经济发展不起来。但是，我们有没有看到，过度的城市化，带来了多少今后难以收拾的问题？这些问题经年积累之后，人们有能力解决吗？将为之付出怎样的代价？到时算起总账来，我们到底是赚了还是亏了？如果需要透支子孙的幸福来支撑所谓的“发展”，我宁愿这样的“发展”慢一点，多为后人积点德。

最理想的发展模式，还是均衡发展。城乡均衡，地域均衡，资源配置不要厚此薄彼，让大家都有发展机会，避免人为导致人口大迁徙。宁愿速度慢些，但求步子稳些；宁愿见效慢些，但求效果实些。气势恢宏的超大城市不妨数量从严，精致宜居的小城镇最好遍地开花。如果均衡了，多数人可以在自己的家乡就近安居乐业，何须一年一度上演数亿人口北上南下的春运大剧？如此，即使某个城市不慎感冒了，也不至于眨眼间就感染得全国人民都跟着咳嗽。

2020年2月13日之夜

争论何妨求同存异

因为武汉突如其来的新冠肺炎疫情，作家方方最近特别“火”。作为一位成名已久的作家，方方以前名气当然也是不小的，但远没达到今天这个热度。

自从今年1月下旬武汉因为疫情封城后，宅在家里的方方每天以日记的形式发表一篇随感。这批日记在网上流传之后，在网民当中颇受关注，引起了强烈反响。一时间，让人感到庞大的作家群，貌似只有方方“一枝独秀”。

其中，力挺方方的很多，反对方方的也不少。因为在网上写写日记这样的事，在网民间引起如此撕裂现象，这事并不多见，耐人寻味。

很多人（估计他们觉得自己也是个作家）还专门写文章批判方方。有的认为她身为作家不去讴歌“正能量”反而唠叨一些身边小事件小情绪，如同怨妇，品位不高；有的认为大疫当前，凡是批评这个揭露那个的都是“负能量”，其心可诛；有些骂得还很出格，甚至把她称为“方方病毒”，将之提升到与新冠病毒平起平坐的高度口诛笔伐（本来想把作者和篇名列出，忽然一闪念，想到这种作者的出发点可能就是为了蹭流量谋出名，还是别上他的当，这里就不点名了）。

方方的“封城日记”，文字不算很讲究（本来就是动态记录嘛），思想也未必有多深刻（毕竟只是即时随感嘛），从文本角度来说，并无多少创意可言。但因为文字当中的悲悯与反思，加上没有大话套话，而且从她自身的角度提供了一些不无裨益的信息和建议，对于做好当前的抗疫工作，以及日后的社会生活正常恢复，还是有一定意义的。这样的文字，怎么会被某些网民视为“精神病毒”，怎么会让他们气得跳脚，怎么会遭致如此恶毒的辱骂？

正常的争论我不反对，但上纲上线的做法令人反感。我想，在网上为此事骂得出格的那些人，大多数是因为身上可能存在以下几种问题。

其一是唯上不唯实的惯性思维。这种人虽处江湖之远，却时时不忘庙堂之高。如果是真心忧国忧民，那当然该向他致敬。问题是，人家考虑的根本不是“小民”的艰辛，而只是“大人”的感受。因为人格卑微，他们心里只有“大人”，发声也只是为了媚上、讨好，生怕一个用词不慎导致“大人”不高兴。这种人，上面没发文，那是不能随便做事的；上面没发话，那是不能随便吭声的。如果需要他发言，那只能拣上面喜欢的好话说。在他们心里，一切以“上面”的喜好为标准，以维护“上面”形象为己任，谁说的话要是可能冒犯“上面”他就跟谁拼命，也不管你说的是否实情，是否真理，是否代表广大人民群众的利益。所以，但凡出现灾难事故，这种人首先考虑到的就是“保护”领导，生怕领导被问责，生怕领导受委屈，生怕领导太辛苦，一有机会便呼吁群众要多心疼领导的身体，多体谅领导的难处，多关注领导眼睛里布满的血丝。而某些人竟然把很多并不高大上的东西写出来，甚至批评一些干部或部门的不作为，这不是“犯忌”吗？批评领导有风险，批评作家则不然，此时不骂他骂谁？

其二是掩耳盗铃式的鸵鸟心理。这种人喜欢自欺欺人，习惯讳疾忌医，以为自己没看到的事就可以当作不存在，谁要是指出自己不想看到的东西就是和自己过不去。以这场疫情为例，各级政府和部门当然都在努力作为，但我们也无需讳言，其中暴露的问题也不少，尤其是前期，由于事发突然，缺乏经验等原因，大家都看在眼里痛在心里。但是鸵鸟心理的人不这么看。他们以为，这些问题只要不说，就等于压根儿没这回事，心里就仍然可以充盈幸福与自豪。而某些作家现在以不够和谐的笔调把真相捅破，那无疑是极大地伤害了他们那幼小的心灵，破坏了他们自我陶醉的幸福生活，真是岂有此理，当然是比新冠病毒还可恶的敌人了。这就不难理解，在这些人笔下，为什么讨伐的是发声的人，而不是欺上瞒下不作为的庸官，也不是趁火打劫谋私利的刁徒，更不是四处造谣煽鬼火的小人——原因很简单，他们惊醒了人家的美梦，当然该骂！

其三是逻辑混乱的思维方式。每逢争论，就可以看出缺乏基本逻辑的人太多了。很多人甚至连“逻辑”的意识都没有，也敢赤膊上阵，与人大战三百回合。文章都没看完，概念都还没弄清楚，就信口开河，大炮乱轰，表面上看很威武，实际上不堪一击，让人觉得和他辩论是对牛弹琴，浪费时间。比如说，别人在家写文章，他却责问人家为什么不去做志愿者；别人批评张三，他却责问为什么不表扬李四。你别说，这种论调还大有市场，很多人因此洋洋自得，自以为高明。不妨插播一个自己的遭遇。前不久，我在个人微信公号发布《过度城市化的三个隐忧》一文，只是提出一个城市与农村要均衡发展的观点，某位高学历高职称人士便居高临下地质问：既然你不喜欢城市，那你回农村去啊！额滴神，这是哪跟哪呀，我表达的和你博士先生理解的是一回事吗？连教授级的人物，思维都是“非此即彼”，以为世上一切事物只有AB两面，逻辑思维最基本的“同一律”概念都缺乏，那么，现实生活中的某些人罔顾事实，思维混乱，胡搅蛮缠，也就丝毫不值得拍案惊奇了。

方方并非不可批评，其实，即使支持她的网民，对她的某些观点，某些做法，也不是完全苟同的。真正理性的做法，是通过有理有据的争论，让双方都靠近实事求是的正轨。不赞成的观点，可以争鸣，可以探讨，也可以求同存异，为什么非得以谩骂的方式试图堵住人家的嘴？大灾当中，允许对感人的事迹进行赞颂，允许对抗灾当中的乐观主义精神进行鼓励，允许对惨烈的灾情保持沉默，更应当允许对存在的问题提出批评建议。批评反思与抗疫救灾并不矛盾，这也是一种舆论监督，它和其他监督一样，本来就应该贯穿于工作的全过程，以便及时发现问题，为工作纠偏。如果非得等某项工作结束以后才来说监督的事，那监督岂不是有可能成为“马后炮”？

2020年3月3日之夜

碍人碍己，帮人帮己

想起两件事，都和车有关。

第一件，发生在不久前。一个晴暖的休息日，和一群朋友行走乡村，来到一个颇为偏僻的村庄。进村的道路尽头，本来有一个泊车的空坪，足可停放好几辆车。但在我们到达村庄之前，不知哪个开车过来的人，为了省事，不肯多走那么几步，直接把车摆在路中间。狭窄的乡村道路，容不得后面的车挤过去进入泊车的空坪，我们一行的几辆车只好乖乖地像最前面的那辆车一样，依次就地停在村道上，然后大家步行进村。

古朴的小村，后面是一大片原生态的山林。反正有的是时间，大家分散参观，有的难免走得远些。待得看够了，差不多要离开了，回到村头准备开车返城时，才发现有一个人正在那里急得团团转。原来，这人就是把小车停在最前头的那个。他来这里办事，只顾自己方便，以为山沟沟随便停车无人管，便把车放在路上，没想着可能妨碍后面的人进空坪停车，导致大家只好跟着把车停在他后面。等他办完事情想离开村庄时，这才傻了眼：自己的车子后面排了好几辆车，这些车主没回来之前，他的车根本无法动弹，只好在那里干着急。

另一件，发生在多年前。那时行政事业单位还没实行“车改”，市里计划采购一批公车，各单位将需求报到主管此事的机关。指标有限，僧多粥少，安排谁和不安排谁，是个问题。主管机关开会讨论时，有人提出，某某单位是个“清水衙门”，它的工作也不重要，这次既然指标这么紧，那就首先淘汰这个单位吧。此说获得多人附和。该机关“一把手”却说，我的意见和大家相反，这个单位正因为是“清水衙门”，屡次报指标屡次落空，这次机会难得，不能再让人家失望了，所以应该优先考虑给他们安排才是。“一把手”平时威望高，大家觉得言之有理，便都同意了。于是，那个“清水衙门”总算获得了一辆公车的指标。

采购程序是繁琐的，待得新车到位，谁也没想到，这个主管机关的“一把手”因为别人的事情受到牵连，突然被“贬”到那个大家心目中的“清水衙门”做“一把手”去了。坐在当初自己拍板买回的那辆新车上，回想当时决策的那一幕，这位“一把手”不由得感慨不已。

前一件事，那位随意停车妨碍他人者，最后妨碍的却是自己。在起因上，他如此停车是由于私心太重，心里只装着自己，不考虑他人，处事喜欢“任我行”。但结果却是，这种行为在给别人造成不方便的同时，也给自己带来了更大的不方便。这个因果，对他来说，当然是始料未及了。

后一件事，这位能为他人着想的“一把手”，从初衷来说，只是因为不忍心看到“弱势部门”被所谓的“强势部门”欺负，出于一种维护公平的本意，把这事给公正地办了。其结果却是，因了这个帮助别人的出发点，最终自己成了公平公正的受益者。对其本人而言，此事同样是出人意料的。

碍人则碍己，帮人亦帮己。事物是会发生变化的，“少年安得长少年，海波尚变为桑田。”人在高处或顺境时，不要以为一切不利因素只会冲着别人而去，自己可以洋洋得意超然物外，站着说话不腰疼；而应想到形势转变寻常事，别人的困难，或许哪天也会成为自己的困难，千万不可幸灾乐祸，尤其不能落井下石。须知“人人皆环境”，若是任由“恶之花”随风绽放，自己终将同受其害。一个人明白了这一层，就会设身处地为别人着想，懂得今天你以什么手段对待别人，明天别人就可能以同样的手段对付你的道理，所以，不能开不讲规矩、破坏规则的先河，否则难免人人自危，始作俑者也必将落得个搬起石头砸自己脚的下场。

心中有万物，凡事留余地，既为别人，也为自己。你的每个细小举动，都可能在悄悄地影响周边。你在为别人争取合理的权利的同时，其实也是为自己争取那份正当的权益。善不可失，恶不可长。将心比心，推己及人，常怀善念，多行善举，一个人若能坚持以最大的善意去对待别人，终将收获意想不到的回报。

2021年1月8日之夜

当幸福来得太突然

只要有时间，每天习惯看看书，当然是纸质的，真正意义上的书。阅读的场所，书房、阳台、客厅，甚至办公室、野外，都是可以的，只要是独处，书总是最好的伙伴。不过，对我来说，也有那么两个地方，却似乎很不适宜看书，说起来也许让人大跌眼镜：一是书店，二是图书馆。

书店和图书馆，都是书的海洋。说来也怪，每每走进这两个地方，看到一架又一架琳琅满目的图书，眼花缭乱之际，就不免无所适从，乱了方寸。身处书的世界，这么多图书任你挑选，每一本都似乎很值得看，都想好好看一看，都很容易就可以到手，但时间终归是有限的，其实每一本都没法在这里看完。就算选了一本坐下来看，但周边那五花八门的各种书籍，还是不断地向你释放干扰的信号。像猴子掰玉米那样，东看看西瞧瞧，最后让你觉得，反正一时看不完，反正不知选哪一本，反正哪本都唾手可得，今天干脆不看了，还是以后再说吧。唉，这时便不禁深深感叹，原来自己竟然叶公好龙，并不是一个真正喜爱读书的人啊！

与此相反，最能静下心来好好阅读的地方，往往是难得找到书的场所。少时在农村，逢年过节走亲戚，当然都是没什么文化的家庭。那年代可没网络、微信、电视什么的可以消磨时光，偶尔在人家家里发现一本中小学生的课本或者某部门派发的宣传册子，也不禁眼睛一亮，捡起来如饥似渴地看下去。为什么？因为这里难得见到白纸黑字啊！这个时候的文字，太让人想亲近了。

又想起看电视。20世纪80年代的农村，家里有一台黑白电视机，就足以让人觉得幸福感爆棚。一个村里，往往也就那么几户人家有电视机。电视节目也不多，一年到头看几个连续剧而已。晚饭后，邻居们都聚集到某一家守着连续剧看。小小的屋子里，挤满了不同年纪的人。电视信号当然是不理想的，看着看着可能就变成满屏雪花点了。主人上前拍一拍机身，可能又清晰了。即使现在不清晰，可能过一会也会自动变清晰。大家并不着急，耐心地等着，就算是雪花点，只要有声音也行。因为这简陋的电视，邻里关系可和睦了。那时的人们，多么容易满足呵。

现在呢，家里的电视机越来越大，越来越高清。电视节目那是多得去了，根本搞不清楚到底有多少个台。尤其是网络电视，更是随时可看，都不用等电视台安排时间了。可是，现在，有多少人会守着时间聚在一起看电视了呢？反正，我家的电视机，已经好多年没怎么打开过了。当年看电视的幸福感，恍如隔世，只是偶尔在记忆中会闪现出来。更邪门的是，娱乐项目丰富如斯，人们对生活的抱怨却似乎有增无减，还动不动就听闻谁谁谁抑郁之类的消息。

饮食方面也是。食物匮乏的年代，味觉记忆总是长久的。现在呢，谁还会把吃饭当回事？当年的孩子竭尽所能抢东西吃，如今的孩子却要家长追着喂饭。也许，很多年前的一块红烧肉，让你总是记忆犹新。但昨天晚上的山珍海味，你可能吃过就忘了。

同样的事情，时空不同，境遇有别，心情迥异。出现这么巨大的反差，我想，大概是因为你期待的、喜欢的东西来得太快太容易，让你的期待和喜欢一下子适应不了形势的变化。

忽然间坐拥书城，不需要如饥似渴地找书读了，心里自然就不把书籍当回事了。可以收看的影视、视频太多了，可口的美味佳肴天天吃了，以前那种需要倍加珍惜的幸福感，当然也就大大贬值了。这个时候，你要继续保持幸福感，就需要相当的定力了，就需要时常温习一下“初心”，回首一下身后的足印了。

为什么很多暴发户突然改变经济地位后得意忘形，财富来得快去得也快？其实也是这个道理，面对来得太快太轻松的钱财，因为缺乏定力，忘了昨日，根本不懂珍惜，所以任意挥霍，终至两手空空，回到原点。人就是这样，对于来之不易的东西，就倍加觉得可贵，当然要小心呵护。而对于来得太容易的东西，则打心眼里不当回事，视若敝屣。对某些肤浅的暴发户来说，一时财富再多，也读不懂幸福的真谛。幸福来得太突然，以至让他虽与幸福面对面却并不相识。

万物运行都有它的规律，有它的过程，有它的道理。一下置身书海，未必波澜不惊；遽然拥抱幸福，难免措手不及。中间那些环节，省不得，省了就丢了记忆，失了心得，缺了领悟，忘了根本。所以呀，书要一本一本地看，日子要一天一天地过，幸福要一步一步奋斗出来，人生的况味要一点一点慢慢体会。

2021年1月25日之夜

减到最后是杂文

写作的冲动，源于30多年前的中学时代。那时在乡下，生活极其单调，阅读课外报刊是最好的精神大餐。纸上印出的文字总是让人肃然起敬，看得多了，便期望有朝一日自己的名字也能出现在某份报刊上。于是，便在课余悄悄地写起了和作业无关的文字。

正所谓“无知者无畏”，那时十几岁年纪，想到什么就写什么，诗歌、散文、小说（甚至长篇武侠小说）、言论（自己把它当作是杂文）、剧本（小品、相声）等，都尝试过。写到若干数量以后，便开始给报刊投稿（当然也是悄悄进行的）。自然，少不了经历一个泥牛入海无音信的过程。好在早有“屡败屡战”的思想准备，坚持一条道走到黑，还在心里暗暗做了个决定：哪种文体最先发表，以后就以这个文体为写作重点。

读高二那年，总算迎来了发表的第一篇文章。真是误打误撞，一篇投给《杂文报》的言论，居然在它的母报《河北日报》发表了。说起来，这正暗合了自己的兴趣呢！虽说平时各种文体都写，但在潜意识里，其实最喜欢的还是杂文。我一直以为，中国20世纪最伟大的作家是鲁迅，而鲁迅最大的品牌正是杂文。先生的睿智、幽默与风骨，让年轻的我们神往不已。再加上当时《杂文报》风行一时，其他大大小小的报纸几乎都有排成楷体的杂文栏目，正是这些，让我无条件地对杂文情有独钟。

从此，杂文果然成了我的主攻方向。若干年后，《人民日报》《经济日报》《解放日报》《羊城晚报》《杂文报》（已停刊数年，遗憾）和《杂文月刊》《杂文选刊》等几百种报刊，都刊发过我那些自认为是杂文的小文章。在我目前所出版的15本小书当中，数量最多的，自然也是杂文。

如今的时代，和鲁迅时期自然不可同日而语。杂文的形式与内容也在与时俱进。但不管社会发展到什么阶段，杂文的灵魂不能变，也不会变。如果变了，它也就不再是“杂文”，而是其他什么文了。批判性是杂文的基本价值所在。有人以为，时代变了，杂文应该从“刺”变为“花”。对此说，不敢苟同。杂文并不是给社会添乱的文体，相反，杂文的出发点，就是为了社会更健康更美好。所以，它和其他文学体裁并无本质区别，并不是某些人理解的与“花”针锋相对的“刺”。更何况，我们现在的社会，远没发展到不需要批评、只需要颂歌的程度。我们需要不断改进的地方还有许多，杂文发挥的作用不是过多了，而是还不够，远远不够。

杂文是思想的载体。离开了思想，它也没资格称为“杂文”。也许它行文不够优美，形式不够文艺，但它不能因为“面子”而舍弃“里子”。即使很多人认为杂文不是文学，那也没关系，只要它有思想，就自有其存在的价值。反之，如果它只有唯美的文字，倒是有可能沦落成“有句无篇”的文字游戏，那就真的只是自说自话自娱自乐了。

自从第一篇文章发表，一晃30年了，不管在什么地方，不管从事什么工作，我都没有忘了“初心”，始终坚持做一名业余写手，每年都要发表若干文字。工作以来，干过新闻（在报社做了15年的采编工作），弄过公文（在市委政研室做过专门的材料工作），现在甚至“弃文从武”，从文字工作者成了纪委监督执纪一线人员，但每年都还在写，一直不舍得放弃写，甚至随着年纪的增长越来越渴望有更多的时间用来写。

不过，话说回来，回首几十年，写的内容也并非一成不变，有些文体已逐渐淡出了兴趣范围，不再像十几岁那样，什么都愿意写了。换句话说，在写作的品种上，我其实在有意无意地做着减法：20岁之前，我发现自己实在不具备写诗的能力，于是放弃了诗歌（后来把发表过的诗汇成诗集《青春误会》出版，以示告别）；与此同时，对剧本也不再有兴趣（这方面本来便毫无成果，纯属学生时代闹着玩的）。曾经在心目中地位仅次于杂文的小小说，最近也信心大减，说不定就要收手了；写了若干年的文学评论，也可能未必坚持了……若是一定要在各种文体中做减法，我想，减到最后，定然是只剩下杂文了。如果哪天我连杂文也不再写了，我想，那只有两种情况：要么彻底失去了写作能力，要么这个世界确实完美得无可挑剔。

2021年3月15日之夜

让人负累的“仪式感”

打开微信，总有几个“微友”每天坚持不懈发来一个问好的表情。我这人多少有点强迫症，看到微信显示有新消息，不管对方地位高低、熟悉与否，都要点开看看是否有需要回复的内容。如此一来，这些毫无新意的“问早”信息便多少要耽误几秒钟时间了。我这人又多少有点脾气不好的毛病，次数多了，便忍不住回复一句：“本人不习惯这一套，以后还是有事直说、无事就别问早了吧，谢谢支持！”这么一说，有人便果然打住，不再自讨没趣；但也有人认真地告诉我：这是为了给生活增添“仪式感”，让你我的友谊变得不一样！

这样的“仪式感”，也许制造者觉得很有意思，很有品位，很能体现自己的“人情味”，否则他也不至于如此孜孜不倦。这种做法，别人喜欢不喜欢，我无权干涉，也不想发表意见；但我觉得，不管什么“仪式感”，你还得找准对象，才能皆大欢喜，和谐持久。倘若面对的是我这等无趣的人，它就不仅没法提升“品位”，还会成为别人的一种负累——说白了，在不对路者如我辈眼里，这就是一个令人讨厌的形式主义。

日子每天都在过，您这样每天坚持普发这种“拿来主义”的表情（注意两个“关键词”：一是“普发”，二是“拿来”），意义何在？说难听点，指望这种偷懒的方法积攒丰厚的人情，天下恐怕也没那么便宜的事吧？在我看来，如果两个人熟到相当的程度，那是根本无需“铺垫”就可以直接交心的；如果两个人之间的关系只是普普通通，我更不相信你会选择一个这种寻常交情的“微友”天天发表情秀感情。所以，这种“天女散花”式的发送，如果不是为了广泛套近乎，那就只能说明你确实闲得无聊，而且还要拉着别人陪同你一起无聊。要是微信上的联系人个个都有这般爱好，那你整天就坐下来刷手机好了，还想有时间干正经事？

这种“仪式感”，当然也不是现在才有的。记得多年前，还没有微信时，流行手机短信拜年。大家或许都有印象，过年那几天，手机嘀嘀响不停，但收到的可能八成以上是大同小异甚至一字不差的新春祝福语（有人转发时还把别人的名字也一并转过来）。开头一两年还好一点，时间一长，那些群发的信息，估计大家其实都没往心里去（也明白是怎么回事），甚至难免有点厌烦，所以后来渐渐地拜年信息就少了。这个现象说明，这样的事，到底还是人同此心、心同此理嘛！大家的时间都宝贵，还是用来干点有意义的事吧，如果真有那份心意问候别人，也该说几句点对点、个性化的有意义的话才对。

在这种生活琐事上寻找“仪式感”的人，多数是出于对别人的不了解，一厢情愿，以为自己喜欢的事，就全世界人民都喜欢。他们当然是一番好意，除了认识上有点情况，其他倒不好多批评。但也有极少数人，却可能是别有用心，打着“仪式感”的幌子，其实在谋求达到某个摆不上台面的目的。

讲个故事给你听。话说很多年前，某地有个年轻商人，为了和某位手握实权的领导拉上“天线”，想出了一个别出心裁的点子。该商人在这位领导根本不认识他的前提下，每天准时跑到领导办公室门口，和他打个招呼，每次只是自我介绍一句“我是某某某”，问候一句“领导辛苦了”，然后没等领导回过神来便迅速闪人。如是者坚持了一段时间，该商人突然中断了几天不去见领导。然后，当他再次出现在领导面前时，领导便忍不住问道：“小伙子，怎么这几天不见你啦？”就这样，该商人成功进入领导视线，被领导不经意地记住了，为其往后承揽某些业务打下了基础。

那个年代，交通不发达，通讯也不方便，领导们走动的频率远不如现在，对于某些“有志者”来说，只要脸皮厚一点，用这种土办法，接触领导确实可能有效，只不过那时还没冒出什么“仪式感”的说法而已。现在当然不一样了，交通、通讯都便捷，领导常在外面辛苦，即使没外出也是关着门办公，可不是那么容易见得到了。但如果通过某个渠道获得了联系方式，大智若愚地来点四处撒网的“仪式感”，特别是针对某些人眼中的“潜力股”（成长中的“准领导”）下手，焉知会不会有所收获？

倘若是出于这种目的，如此“仪式感”就不仅让人负累，更让人后怕了。对多数人来说，当然碰不上这样的事；但对某些特殊情况、关键岗位的人来说，倒也不妨对照上面这个故事，对某些突然之间大献殷勤者多个心眼。

2021年4月3日之夜

我不是“红人”

一位年轻的公务员小张给我聊起了一件“趣事”。那年，他所在的机关来了新领导。这位“一把手”上任没几天，与小张在电梯里相遇了。电梯里有好几个人，都是同一个机关的干部。“一把手”对其他人不熟，偏偏对小张有点印象，因为“一把手”刚到任那天，小张恰好被单位安排送一份材料给他。为了打破狭窄空间的短暂沉默，“一把手”在那片刻之间，和有过一面之缘的小张亲切地交谈了几句，当然还叫出了他的名字。就那么普普通通的几句寒暄，让同在电梯的小伙伴们惊呆了。

此后不久，小张和几个同事组成一个调研组，去基层公干数天。那天同在电梯的另一名年轻干部某甲也在调研组。一路上，此前对小张直呼其名的某甲对他一反常态，客气至极，不仅把他称作“张科”（其实小张还是科员），还主动给他帮手拎行李什么的，几乎让他享受组长待遇。小张和同组其他人员对某甲如此套近乎颇为不解。直到过了些时日，听得某甲与人闲聊，说到小张乃新任“一把手”的“红人”，很快就将飞黄腾达云云，小张才恍然大悟。

“遗憾”的是，“一把手”与小张也就是较早见过一面，提前叫得出他的名字而已，并没其他任何瓜葛。一晃大半年过去，“一把手”情况渐熟，大家对“一把手”的了解也越发精准，发现他除了记性比一般人好，其他方面并无特别之举，对小张和其他同事也是一视同仁，根本不存在“厚爱”半分的迹象。那位和小张一起参加调研并对小张异常客气的某甲，终于知道了事情的“真相”。从此，他又恢复了对小张直呼其名的做法。

小张说的这个事，曾经惹得我哈哈大笑。社会上总是有那么一些人，在以不自觉的姿态为我们的生活增添鲜活的幽默，某甲便是这么一位默默无闻的奉献者嘛！更没想到的是，笑过不久，我也有幸遭遇了与此异曲同工的经历。

话说那年换届，县里一位新上任的县委常委某乙，因为与我同一个系统，一年难免有几次交道要打。起初，某乙对我相当客气，只要听说我出差到了该县，有空就得见见面，没空也要来个电话。不管是当面还是电话里，少不了奉送几顶“笔杆子”“大秀才”之类的不值钱的高帽给我，还口口声声教育其年轻的部下要好好向我学习。过了大概一年多之后，这种热情的场面就渐渐消失了（当然，作为见惯世态炎凉的我，实在也不需要这种热情）。我想，这也是正常的，毕竟“一回生，二回熟”，大家熟悉了，能省的客套还是省了吧，这对大家都好，起码节约时间。没想到的是，后来，一个偶然的机会，有人告诉我，这位某乙居然教育部下，没必要和我走得太近——因为经过他的长期观察，发现我虽在上级机关，但并非领导的“红人”。

原来，这位某乙此前捕捉了一个错误的信息，以为我当年从他眼中的“弱势部门”进入一个他眼中的“强势部门”，必然有非凡的背景，极有可能就是主要领导的“红人”。后来总算明白，我的岗位调整，纯属“工作需要”之类的偶然情况，咱谁的“红人”也不是。于是他毅然调整态度，把那份差点浪费的感情节约下来。

我这才知道，在某些人眼里，与人交往，首先还要考虑这个人的背景如何、前景如何，然后精准计算该投入多少感情与热情（应该少不了还要认真测算“回报率”吧？）。听到这里，我不禁冒出一身冷汗，心里想：侥幸侥幸！好在他发现及时，否则事后要我赔偿感情损失费可就糟糕了；好在我不是领导的“红人”，否则被这种人瞄上了，到时塞些乱七八糟的事过来“劳驾劳驾”可就麻烦了！

由此忽地想起更早的一件往事。那时，我正值年轻气盛、前途还是个谜一样的年纪，在城里认识了几个基层单位的朋友。没什么事时，我们经常一起坐一坐，打打扑克，聊聊闲天，感情甚是融洽。如此过了十几年，大家的状况说没变化也有点变化。其中的某丙早就走出“体制”，自己创业去了。我虽然老牛拉破车进步缓慢，但也调动了几次工作，从一个普通记者到单位中层再到“市管干部”。另两位朋友年纪比我大，却比我还没进步，完全原地踏步，连个“区管干部”也没干上。某天，那位自己创业的某丙与我闲聊，不知怎的就说到那两位朋友身上。某丙忽地对我说：“你怎么还跟他们玩啊？他们这把年纪的人了，已经不可能有什么前途了呀！”我一听，目瞪口呆，反应过来之后，对他说道：“原来你是以这样的标准与人交往的呀？那对不起，我也马上要成为你眼中‘没前途’的人了，咱们的交往还是提前结束，到此为止吧，以免浪费你更多的时间！”说罢，在某丙满脸愕然之中，拂袖而去。

掐指一算，我与某丙“失联”已近十年矣。

2021年5月26日之夜

文凭这东西

文凭这东西，现在好像又特别受到重视了。干部提拔职务，职员晋升职称，单位引进人才，文凭基本上都是个硬指标。有些地方甚至规定，第一学历不是本科的，哪怕能力再强、工作业绩再突出，职务也不能再上一层楼。至于企事业单位专业技术人员评职称，文凭没达标，更是只能望洋兴叹，不管你成果有多丰硕。而另一部分人，则因为一纸文凭，仕途上处处绿灯，轻轻松松就到了别人无论如何努力也难以达到的高位，让人唯有徒生羡慕。

时光倒流几十年，我还是个中学生的时候，也知道要为文凭而奋斗。不过，那时文凭对我而言，并没有太立体的感觉。作为一名农家子弟，我只知道考上中师、中专或大学，便能跳出农门，告别烈日下挥汗如雨的艰苦生活，端上一只旱涝保收的“铁饭碗”，万万没想到文凭与文凭之间还会有那么大的区别。在世俗的眼光里，考出去了，只要能分配一个好单位就行，管它是什么层次的文凭。所以，银行学校、税务学校之类的中专，比师范类的大专甚至本科还吃香。特别需要说明的是，那年代在农村，学习成绩好而家庭条件一般的，几乎都在初中毕业时便考中师或小中专去了，为的是早点参加工作领工资，为大家庭减负。我辈学习不如人家的，考不上中师或中专，只好抱着走一步算一步的心态去读前途未卜（在那个年头可以说基本上是“凶多吉少”）的高中，最后反而可能混了个“第一学历是本科”的出身。

我一向以为自己造化欠佳，不受“命运”待见，常常感叹：每当我找到成功钥匙的时候，人家就把锁给换了；每当幸福来敲门的时候，我又偏偏不在家。但现在回过头来看，却不禁倒吸一口凉气，暗暗庆幸自己运气其实不算太差。这事说来话长。当年高考虽遭遇重大失误，但还是拿到了一所在当时很没地位的师范学院的本科录取通知书。那时家里特别穷，去学校报到前，听说该校的专科是两年制的，本科生可以自愿选择调剂到专科班。为了省学费以及早点出来工作，便和家里商量了准备申请读专科。没想到，进了校门才知道，这一年，专科学制改了，由两年调为三年。想想也就相差一年而已，便决定咬咬牙，干脆读完四年算了，起码名声好听些。现在就懂了，好在那年专科学制改为三年，不然我主动放弃本科读专科，那后果可严重了。看到很多同龄人参加工作以后还在不断进取，考这个学历读那个学位，便为自己能够一劳永逸而深感侥幸。

当然，后来形势不一样了，高校大扩招，而且不包分配，考上大学不等于端上了铁饭碗，要进“体制内”工作还得另外再考。这个时候，文凭也不像当年那么珍贵，一起读中学的小伙伴们走出来，基本都不缺这玩意儿，虽然学校不同，层次有别。“金榜题名”的概念，似乎也被颠覆了，不可和当年同日而语。

正因为时代不同，文凭有变化，所以，对文凭这东西，最好不要一概而论。考量人家的文凭时，还得综合考虑，看看他是多大年纪的人，手上持的是什么时代的文凭，在什么地方参加的考试。这些因素都会导致文凭到手的情况各有不同。只看那张纸而不管其客观背景，对某些当事人来说岂非不公平？

更重要的是，历来文凭与水平、学历与能力未必完全挂钩。文凭不是万能的，学历不能证明一切。学历高的人如果入错了行，能力就未必是他最强。从文凭的角度来说，“博士”其实不博，倒更像“专科”——他的所学体现的是更“专”更深，所以，别以为有了“博士”头衔就能包打天下，在他的专业范围之外，博士就未必比中专、大专生更有优势，有时甚至可能不如没有任何文凭的行家里手。

这样说，不是有意贬低谁，它就是一个客观事实。历来都不乏学历低甚至没学历而有超强能力的人。民国时期的梁漱溟，充其量是中学学历，却被蔡元培请到北大做教授；鲁迅、沈从文、巴金这些文学大师的学历也不高，华罗庚也只是个初中学历，齐白石甚至什么文凭都没有……这些人人物可能离我们太远了，就说现在吧，类似的事例依然不少，商界大咖马云的学历在同行当中就不算高。你再看看身边的“成功人士”，不管政界还是商界、学界，就会发现，一个人的成就与文凭，还真未必成正比。

对文凭简单地“一刀切”，总是难免留下遗憾。在用人的问题上，什么时候能不贴标签，多看实际能力就好了。想想当年那些优秀的同学因为种种原因未能取得本科第一学历，我便不禁为他们在工作上吃亏而感到惋惜。现在早就不是“一考定终生”的年代了，还能搞“一纸定终生”吗？实践才是检验能力的最好标准，让每一个有实力的人获得相应的施展身手的平台，世界才会充满活力。所以，我以第一学历“达标”者的身份呼吁，给文凭“不达标”者一个机会，让他们以实际能力弥补客观原因导致的缺憾。

2021年7月26日之夜

多问一句

朋友老张在乡下经营一家农场，平时少不了客气地邀请大家有闲时去他的农场采采果、摘摘菜、钓钓鱼什么的。大家当然都答应得很好，但这年头，有闲的人毕竟少，大家总是成天一副忙忙碌碌的样子，所以，说归说，真的去过老张农场的人并没有几个。

某个周末，与几个文友驱车下乡采风，忽然想起老张的农场就在附近，刚好大家都和他熟悉，便决定不打招呼，直奔农场给老张来个意外惊喜。

一路打听，果然在几里地之外找到了那个地方。农场依山就势，绿树环绕，看起来规模不小。水泥路尽头的入口处，建了个简易的门楼。一个年过六旬的老汉在值班房守门。得知我们要找老张，守门老汉淡淡地告诉我们，老张不在这里，有事你们直接打他电话。

同行的一位朋友问道："这农场，不是老张的吗？我们是他的朋友，既然他不在，就不打扰他了；但我们也难得来一趟，就让我们进去转一圈参观一下吧？"

不料，老汉冷冷地说道："农场又不是他一个人的，这事我可答应不了！"

一听这话，大家面面相觑。原来农场不是老张独家经营的啊？为了不让守门老汉为难，也为了避免更多的尴尬，大家默默地上车离去。

回去的路上，一车人聊起老张，都说这家伙不实在：明明是和别人合伙办的农场，却故意吹成自己独家的；明明没能力安排大家去农场休闲，却常常耍嘴皮卖乖（大家从守门老汉的态度，推断老张在农场的地位不高，定然不是大股东）。以后每次遇到老张，大家心里都不禁想起农场门口那一幕；遇到老张的其他朋友，也不禁悄悄说起这件事。

老张当然对此浑然不觉，见了面依旧和大家扯东扯西，依旧热情邀请大家有空去他的农场玩玩。每当听到老张说起这些客套话时，大家嘴上虽然随意应付，心里却常常窃笑。

我这人心窝浅，总是藏不住话。有一回，老张又向大家说起他的农场，我再也忍不住，直接问他：“那农场到底有几个老板呀？你在那里排第几呀？”

老张惊讶地说：“农场就我一个老板呀，我不存在排第几的问题呀！”

话已至此，不如问个明白。于是，我不紧不慢地把那天的遭遇说了出来。

老张一愣，哈哈一笑之后说道：“原来你们曾经到了我的农场门口啊？怎么不给我打电话呢！你说的这事是这样的，我得解释一下。”于是把原委说了出来。

原来，那个守门老汉是老张的堂叔，也是老张在农场请的门卫。老张因为儿子前段时间借了一些人的钱，常有讨债的人到农场来向他要说法。为了避免纠缠，老张便交代他堂叔，凡是来这里找他的，便告诉他们这农场并不是老张独家所有的，还有好几个老板呢！那天，他堂叔显然是把我们一行当作讨债的了。

没想到简简单单的一句话，背后还有这般“内情”。好在后来藏不住话的我补问了一句，要不然的话，我们还将一直误会着老张呢。看来，对那些心存疑惑的事情，该多问一句的，还是问一下好。否则，事情的真相可能和你的想象有天壤之别。

像这种生活中的琐事倒也罢了，如果事后不问那一句，大不了和别人打个肚皮官司，出不了多大的事。而工作中有些事，若是不多问一句，说不定就可能伤害他人。

某单位一位负责考勤的领导，喜欢随机暗访职员在岗情况。连续两次，他看到某科室的某职员不在办公室，于是暗暗记在心上，并在某次大会上将其作为反面典型提出批评。却不知，这个职员兢兢业业，从未迟到早退旷工，该领导暗访时，他恰好被科长派去给上级机关送文件了。这位领导就是因为省了一句问话，导致了这么一个“冤案”，让职员受到委屈。

还有更严重的情形。比如，早几年，有些地方在开展巡察工作时，巡察组对相关单位巡察，发现某个疑似问题，认为自己反正不办案，便直接将之作为线索移交纪检监察机关。结果，纪检监察机关一查，完全是个乌龙事件，白白浪费人力，还影响有关单位的工作积极性。其实，当初巡察组只需要多问一句，听被巡察单位解释几句，事情就弄明白了。当然，随着巡察工作的不断改进，这种情况后来得到了有效遏制。

所以说，不管是工作上还是生活中，该多问一句的事，还是别嘀咕，别偷懒，别自以为是想当然，及时问个明白，对大家都好。

2021年7月27之夜

心有他人即为侠

我的学生时代，正是武侠小说和武侠影视风靡之时。几位武侠名家的作品，成了年轻人当中最流行的读物。即使是数十年之后的今天，武侠的代表人物金庸依然拥有一般作家望尘莫及的读者量，有人甚至把读金庸读成了一种职业（如知名自媒体作家六神磊磊，在微信公众号以独特视角解读金庸小说，吸引粉丝无数，当然也创造了可观的经济效益，作者因此有了资本把多少人仰视的新华社记者职务给辞去了）。尽管也有一些作家认为金庸的作品不屑一顾，但在我看来，这些作家，除了那些根本没读过金庸作品、仅凭对武侠小说的偏见而主观下结论者，更多的可能是出于酸葡萄心理——因为一个写作者要达到金庸那种影响力，实在太难了，难得让人忍不住就要羡慕嫉妒恨。

许多读者喜欢武侠，除了在技术层面关心人物的武功高下，更在人品层面看重人物的侠义精神。在众多武侠作品中，受到读者喜爱的角色，多数是因为他们身上那股令人肃然起敬的侠义之风，而不是因为他们的武功天下第一。这起码说明，崇尚侠义，其实也是人之本能；在许多读者心里，其实也是隐藏着一个“侠客梦”的，只不过自己未必知觉而已。

现代社会离武侠当然很远了，但“武”虽然越来越少见，“侠”却其实一直还在你身边。去年，本人因为出版了一部融武侠与文旅于一体的长篇小说《祥瑞宝莲》，应邀参加一个在网上直播的文化交流活动。有读者现场问我，如何理解侠义精神？我不假思索地说，“侠义”其实没有想象得那么遥远、那么高深、那么复杂，它并不需要高明的武功，甚至也不需要出众的智力、能力，简单地说，不妨这样理解：心有他人即为侠。至今想来，我依然觉得这个回答还算靠谱。

也许，你觉得这个“标准”太低了。是的，做到“心有他人”确实不难，但也不是每个人都有这样的自觉。

不妨举一个很小的例子。早些年，我们过马路时，经过斑马线，看到汽车来了，都是人让车为主，即使有些汽车减速了，行人也是欲行又止，无所适从；战战兢兢，如履薄冰。后来，出台了汽车礼让行人的规定，而且安装了摄像头进行监督，于是，车让人成了一种常态。这当然是社会进步的表现。然而，新的问题又来了：有些行人过斑马线时，悠哉悠哉，目空一切，甚至还在斑马线上来回行走，当作闲庭散步。这种人，撇开安全意识来说，根本不懂得行人要与驾车人互相体谅的道理，说白了，就是因为潜意识里太自我，心中没有装着别人，所以从来不为他人考虑。可以说，他们骨子里就是缺乏了一股“侠”气。

心中是否有他人，往往就体现在这等生活的细节当中。为什么经常看到某些人为了一些鸡毛蒜皮的琐事发生口角，甚至大打出手，造成伤亡？为什么经常出现路人晕倒一旁而过往行人视若无睹冷漠经过的新闻报道？为什么有的人为了一点蝇头小利不惜亲友反目成仇老死不相往来？如果稍稍有点换位思考，稍稍有点悲悯情怀，稍稍有点宽容大度，人世间的那些不和谐之事，该锐减多少？古人云：“杀人以自生，亡人以自存，君子不为也。”对照这个标准，很多人，相差太远了。

心中有他人，会为别人利益着想者，就是具备了侠义精神。侠之大者，为国为民；侠之小者，为友为邻。作为平头百姓，我们可能没有太多的机会“为国为民”，但伸出温暖的双手“为友为邻”就容易了。“侠义”不需要你喊什么铿锵有力的口号，不需要你动辄做出多大的牺牲，甚至也不是要你帮谁办多少事情，只要你有不给别人添乱添麻烦的想法，有体谅他人苦处难处的念头，有乐意成人之美的善意，就够了！这，一点也不难。

武侠世界虽荒诞，侠义精神很现实。武侠的意义不仅仅是为了娱乐，优秀的武侠作品应该以“侠”感人，让那种以天下为任、扬善弃恶、助人为乐的精神影响一代又一代读者。《墨子》说：“利人乎即为，不利人乎即止。”如果每个人都能主动想着别人，坚决不损害他人利益，努力做到诚实守信，这个社会便充盈着侠气。如此，大家少了抱怨，多了理解，少了火气，多了和气，少了私心，多了公德。那便如一首歌所唱的：世界将变成美好的人间。

2021年7月30之夜

网上拉票检验什么

不知从什么时候开始，网络评选投票活动频频介入人们的工作与生活。产品评比、好人好事推选、最美这个那个评选，还有形形色色的征文评奖等等，真是让人眼花缭乱，应接不暇。我们的微信也因此常常突然收到某些加了微信但从不联系的“好友”亲切热切的“跪求”（事实上，这些人在你投完票之后依然从不联系你，甚至他其实在加完微信之后就根本忘了你是谁）。起初几次，大家还能打起精神把它当回事，但这种事情泛滥之后，很多被“求”者的态度可能就越来越淡漠了，若非关系很“铁”，都懒得点开链接看一看。

其他内容的投票且不多说，作为平时也写点东西的人，不妨聊聊文章评奖推行网上拉票的做法。文章好不好，当然是广大读者说了算，但前提是这个“读者”的意见应当是他真实意思的表达。那么，网络投票评选文章，这些票是不是代表了投票者（恕我直言，在这里，“投票者”与“读者”已不是同一个概念）的真实意见呢？不妨看一下票的来源。君不见，某些写作者，为了一个未必有多大含金量的奖，不遗余力地广泛发动认识与不认识的人为自己投票，一些微信群也常常冒出这类求助信息（虽然未必有人搭理）。从这种大海捞针式的做法，可以看出作者们有多拼。他们在这方面耗费的心血，我看已经远远超出了写作本身。更有甚至，走起“捷径”直接“批发”票数。作为旁观者，我不禁暗暗感叹：微信时代码点字——不，应该是获个奖真不容易啊！

那么，在这种形势下，得票量大的作品是否真的算得上好作品呢？这事，你我他只怕都是心知肚明。看看作者们为此付出的一大把“功夫在诗外”的汗水与“硬成本”就知道了，这个评选结果和作品质量有一毛钱关系吗？抛开某些虚假数字来说，就说那些真实的得票数量吧，有多少是出于客观公正而投下的？作者发个链接给你，请你务必瞄准其中张三的大作下手，你好意思去点赞或许写得更好看的李四那篇吗？

所以，说白了，网上评选，检验的往往不是作品本身，而是作者的运作能力或者经济实力。在很多评选活动当中，谁的人脉广，谁能发动最多的人，谁有特别的路子，谁就是最终的胜出者。这样靠拉人头拉出来的奖，除了证明作者的关系厉害，对作品的文本而言，能说明什么呢？与此相类，产品评比、人物事迹评选等等，如果按这个思维进行下去，评出的结果最终检验的又是什么？

我这人向来较懒，而且进取心不强。以前偶有文章被媒体列入评选范围，也要求在网上进行投票。我不但没有去发动朋友圈，连自己这一票都浪费了——根本没兴趣点击那些繁琐的操作程序。我这种“极个别人士”的态度当然丝毫影响不了网上投票的繁荣热闹景象。这种“种瓜得豆”的事情，为什么有那么多人乐此不疲，反复参与？我看无非就是“名利”二字驱动。对主办方而言，哪管你结果公正与否，我实现了自己的利益达到了自己的目的就行。对广泛发动拉票的参评者而言，先图个虚名，然后指望着它能变现，所以甘愿拉下面子见人就求，甚至不惜花血本直接“买票”，催生“刷票”产业。

网上拉到了票不等于现实中获得了认可。这种所谓的奖，即使到手了，也不见得有多大的意义。它除了让当事人聊以自慰，并不能从本质上改变什么，生活该是怎样还是怎样。如果自掏腰包去打造这种虚名，甚至可能得不偿失。反正，我就没看到哪个实力没达到而靠运作虚名能够走得又远又久的。倒是热衷于评奖而将本来就清贫的自己弄得一穷二白的“文人”时有耳闻。

金杯银杯不如口碑。对作品产品也好，人物事迹也罢，最可靠的评价来自社会，来自时间。实至而名归，王婆卖瓜，自卖自夸是行不通的。所以，最有价值的奖是不需要获奖者劳累的，甚至连填表、申报这样的基本程序都免了，比如诺贝尔奖，人家获奖者事先都根本不知道自己即将鸿运当头了。如果你想检验自己真正的实力，最好的办法，还是沉下心来踏踏实实做人，认认真真做事，这样获得的评价才是货真价实的。当然，如果你只是想检验自己的“运作”能力，那就继续加入他们那个游戏吧，但愿你玩得开心。

2021年8月2日之夜

华荣之言后为愆

朋友H君，交友广泛，平素喜欢给人脸上贴金。每每评价他人，往往好话说尽，让人觉得他认识的人，个个都是超凡的人才，脱俗的品行，端的是“高山仰止，景行行止”。遗憾的是，有好几回，过了一段时间之后，H君再次说起他曾经给予高度评价的某某人，却是一脸的义愤填膺，满口的咬牙切齿，直将对方说成天下最无赖最不堪的人，不仅人品差，能力水平更是一无是处，让人听了瞠目结舌。由于这种情景在H君身上反复出现，我终于忍无可忍，直言问他：“说某人有多好是你，说某人有多坏也是你。同样是这个人，相隔时间并不久，前后的评价天壤之别，难道你嘴里的好与坏，就没有一个统一的、稳定的标准？老是出现这种颠覆性结论，叫别人该相信你哪一句？”对此，H君沉默片刻，解释并反思道：“这个人其实本来就没那么好，没想到后来暴露出了那么多的坏。怪就怪自己当初不该把他说得那么好，以致弄得今天有点下不了台。看来以后说什么事情都不可信口开河。”

评价一个人，高兴就捧上天，不高兴就贬下地，最终尴尬的是自己。这种事情，对个人而言是这般，对一个组织来说也一样。

比如，有一个时期，新闻媒体或有关部门树典型，常常习惯将一个先进人物塑造得高大全，一点毛病也没有，组织文字时，巴不得把天下所有的好话都往他身上堆。后来，很不巧的是，不少典型出事了，执纪执法部门查出来的情况令人大跌眼镜，原来这个“典型”是金玉其外，败絮其中。注意：并非“典型”变了，而是他本来就没那么好。这种结果，自然让当初推介他的人们感到难堪。我有一些干宣传工作的朋友，早年就遇到过这样的事，多少年后聊起来，他们还对此颇感惭愧。

更尴尬的当然莫过于某些腐败分子上台时与落马后的言语对比。某些官员上任时，豪言壮语一大通，说得铿锵有力，让人不容置疑。上级对他的评价也相当高，能力强，品行正，十分适合担任某职，云云。几年后突然落马，人们再看有关通报，才知道此人不仅毫无理想信念，而且无才无德，纯粹贪官庸官一个。好事者将前后两次的相关报道找出来一晒，直教观者嗟叹不已。

为什么会出现这些尴尬现象？原因其实很简单，就是某些当事人忽视了实事求是的基本原则，为了一时需要而说了过头话。

向他人介绍一个人，为了让被介绍的人高兴，或者为了让听介绍的人重视起来，便将本不存在的光环随便加于此人身上，未料想这些溢美之词竟然隐藏了不少风险。面向社会推出典型人物，总以为越完美越受人认可越容易“立”起来，于是竭力美化粉饰，哪知道这种事情凭想当然是靠不住的。至于新官上任，他自己当然希望展现一个高大形象，上级也认为将他说得越光彩，其威信越高，有利于他开展工作。却不知，这些并无依据的评语，是那么的经不起检验经不起推敲。

古人云：“华荣之言后为愆。”（《文子·符言》）过头话说多了，总有一天会让自己下不了台，造成不良后果。现实一再教育我们，说话还是要说实话，不管是说别人，还是谈自己，都应“实”字当头，以免因一时之快，埋下日后的不爽。

实话实说并不亏。行就是行，不行就是不行，没必要勉强。也许当时人家觉得你这个人不懂得“来事”，但从长远计，睿智的人都会知道，最可靠的还是言行如一、言语质朴而为人实诚者。

生活中随便说说的话倒也罢了，日后若是出现“剧情反转”的尴尬事，顶多就是让自己脸红一下，或者让自己给人留下“说话不靠谱”的印象，未必有更严重的后果。如果工作中也是这种态度，就不一定这么简单了。有些干部，喜欢大话张口就来，尤其是在撰写工作报告时，落笔无顾忌，随意夸海口，根本做不到的事也拍胸膛乱表态。却不知，这些事，白纸黑字记录着，如果说得太离谱，最后可能是要追究责任的。光说不练而被追责，这样的事近年来并不少见。看看各地纪检监察机关的通报，常见涉及表态多落实差、调门高行动少的案例。这也是形式主义的表现之一。所以，对各级领导干部而言，不管是口头汇报还是文字总结，说了的就应该努力做到，做不到的就别乱说，否则，事后因为“形式主义”而被问责，一点也不冤。

2021年8月4日之夜